U0879987

国网浙江省电力有限公司宁波供电公司 组编

地市级供电企业
营业窗口服务
培训手册

中国电力出版社
CHINA ELECTRIC POWER PRESS

内容摘要

本书基于供电企业营业窗口服务质量提升，从营业窗口运营规范、通用服务礼仪、业务受理服务标准、应急服务处理、典型服务案例等方面进行讲解。营业窗口运营规范包含营业概况介绍、运营规范及其他；服务礼仪包括窗口、热线、在线三种类型服务人员需掌握的服务礼仪；业务受理包括业务受理服务标准（业扩报装、变更用电及新型业务）、业务服务流程；应急处理包括窗口典型事件处理指南，热线、在线突发事件处理指南；典型服务案例包含"优秀服务之星"和典型服务案例故事。

本书通过体系化的知识讲解和案例实操为窗口服务人员提供具体、实用、可借鉴的服务技能，可作为地市、区县供电公司营业窗口服务人员、属地电话服务人员、"快响"服务人员的实用工具及业务手册。

图书在版编目（CIP）数据

地市级供电企业营业窗口服务培训手册 / 国网浙江省电力有限公司宁波供电公司组编. -- 北京 : 中国电力出版社，2024. 12. -- ISBN 978-7-5198-9389-7

Ⅰ. F426.61-62

中国国家版本馆 CIP 数据核字第 202499Y4K3 号

出版发行：中国电力出版社
地　　址：北京市东城区北京站西街 19 号（邮政编码 100005）
网　　址：http://www.cepp.sgcc.com.cn
责任编辑：王蔓莉（010-63412791）
责任校对：黄　蓓　王小鹏
装帧设计：赵姗姗
责任印制：石　雷

印　　刷：三河市航远印刷有限公司
版　　次：2024 年 12 月第一版
印　　次：2024 年 12 月北京第一次印刷
开　　本：787 毫米 ×1092 毫米　16 开本
印　　张：10
字　　数：174 千字
定　　价：58.00 元

版权专有　侵权必究

本书如有印装质量问题，我社营销中心负责退换

编委会

主任　王谊　仇钧　严华江

副主任　徐杰　戚浩金　钟永颉　张建赟　林森　张科　刘政

委员　毛倩倩　许巍　沈华胄　王长江　周斌　陈仕军　闻铭　葛凯梁　杨建立　沈浩　朱斌　刘羽　石科明　糜海挺　史婵　赵婉芳　史乔石　何杲杳

编写组

组长　王学思

副组长　陈冰心　俞昂

组员　潘妍　王妍　葛伊颖　张力　何晓霞　袁乐　华秋明　谢哲慧　梁玉洁　何磊杰　林春　余丹萍　张永豪　唐昕　张立　毛雪娇　齐雄　邢锦锋　金慧颂　刘园　刘罗曼　张甜　严若婧　王权圣　王伟芳　竺沁然　李斯迅　韩小齐

前　言

为深入学习实践科学发展观，大力弘扬“努力超越、追求卓越”的企业精神，切实践行“真诚服务、共谋发展”的服务理念，全面加强供电服务标准化管理，提升营业窗口服务质量，本书编写组总结服务及培训经验，编写了这本《地市级供电企业营业窗口服务培训手册》。

本书以优质服务为主线，以“四个服务”为宗旨，按照规章制度标准化、人员行为规范化、工作流程程序化、物品摆放定置化、现场环境整洁化和考核监督制度化的管理要求，以国家电网有限公司供电服务规范、服务质量标准、营业厅建设标准等相关制度为基础，从供电服务工作的实际需要出发，归纳并整合国网浙江省电力有限公司有关营业窗口服务规范，为相关服务人员工作的开展提供有效的示范，从而实现供电服务水平的整体提升。

同时，本书编写组结合电力营销专业各岗位的特点，遵循电力营销有关法律、法规、规章、制度、标准、规程等，紧扣营销各渠道网点服务实际工作，从各渠道的服务礼仪规范、业务规范、应急处理、日常运营、典型案例分析等角度出发进行编写，全书逻辑清晰、图文并茂，可为读者提供全面的服务技能。

由于时间所限，书中疏漏在所难免，期望广大读者批评指正。

本书编写组

2024年10月

规范性引用文件

《供电营业规则》（中华人民共和国国家发展和改革委员会令第14号）

《供电服务标准》（Q/GDW 10403—2021）

《国家电网有限公司关于印发卓越供电服务体系建设指导方案的通知》（国家电网营销〔2024〕51号）

《国网营销部关于印发供电营业厅运营管理规范（试行）的通知》（营销客户〔2021〕13号）

《国家电网有限公司关于进一步优化营业厅建设运营工作的意见》（国家电网营销〔2020〕649号）

《国网营销部关于开展实体供电营业厅转型试点工作的通知》（营销营业〔2017〕45号）

《关于印发供电营业厅管理相关规范的通知》（浙电营〔2015〕376号）

《国网浙江省电力有限公司关于印发社区（村级）便民服务点（电力驿站）建设运营管理规范（试行）的通知》（浙电营字〔2021〕15号）

《国家发展改革委国家能源局关于全面提升"获得电力"服务水平持续优化用电营商环境的意见》（发改能源规〔2020〕1479号）

《国家发改委办公厅关于组织开展电网单位代理购电有关事项的通知》（发改办价格〔2021〕809号）

《国家发展改革委关于电动汽车用电价格政策有关问题的通知》（发改价格〔2014〕1668号）

《国网浙江省电力有限公司关于进一步明确分布式光伏发电项目接入有关标准的通知》（浙电营〔2023〕723号）

CONTENTS

目 录

1

营业窗口运营规范

1.1 营业概况

1.1.1 供电营业厅

供电营业厅是供电企业为客户办理用电业务需要而设置的固定或流动的服务场所。

供电营业厅的服务功能包括：业务办理、交费、告示、引导、洽谈、互动体验及展示。

（1）业务办理：指受理各类用电业务，包括客户新装、增容、变更用电及校表申请，故障报修，电动汽车充电账户服务，信息订阅、查询，咨询、投诉、举报、意见、建议，客户信息更新等。

（2）交费：指提供电费及各类营业费用的收取和账单服务等。

（3）告示：指提供服务承诺、服务项目、业务办理流程、服务监督电话、电价、收费项目及标准等各种服务信息公示，计划停电信息及重大服务事项公告，功能展示等。

（4）引导：指根据客户的用电业务需要，将其引导至营业厅内相应的功能区。

（5）洽谈：指根据客户的用电（用能）需求，提供专业接洽服务。

（6）互动体验及展示：指提供推广服务项目的宣传展示和互动体验。

1.1.2 政务（便民）服务中心

政务（便民）服务中心（简称政务中心）是人民政府设立的集中办理本级政府权限范围内的行政许可、行政给付、行政确认、行政征收及其他服务项目的综合性管理服务机构，也是加强政务服务、提高行政效能，为人民群众提供优质便捷高效服务的重要平台。政务（便民）服务中心电力窗口可为群众提供用电变更业务咨询及高低压新装、增容、更名过户、电费缴纳等电力服务。

政务（便民）服务中心电力窗口服务功能包括：①引导服务；②宣传服务；③便捷服务；④“一站式”服务。

（1）引导服务：窗口放置用电业务办理告知书、商业电价等宣传资料，为辖区内企业和群众提供业务咨询、电价政策解释、多种缴费方式的引导服务。

（2）宣传服务：利用宣传手册，群众可以通过网上国网App在手机上轻松完成各项电力业务，快速便捷地完成各类电力服务事项。

（3）便捷服务：实行水、电、气一体过户，即一窗受理、一表申请、一套材料、一站服务、一并过户，办理只需跑一次。

（4）“一站式”服务：实现咨询、报装、变更、增容、缴费、开票、投诉等全业务办理，通过“窗口办+网办”模式，真正实现“一站式”服务，让群众办理业务省时省力。

1.1.3 电力驿站

电力驿站是通过阳光办电、红船服务、故障抢修、信息发布和增值业务等，实现“网上办、掌上办、就近办、特殊用户帮你办”的社区、农村前沿供电服务窗口，通常设置在覆盖用户较多、服务半径较大或有一定地方影响力的核心区域。服务场所可设置为独立办公或联合办公地点，联合办公地点宜与政府（社区）村级便民服务中心合署。

电力驿站为有人员驻点，且有独立办公场所的综合服务点。电力驿站可实行无人值班模式，推行台区经理定期定点服务。

电力驿站的服务功能包括：①基础服务；②个性化服务；③其他服务。

基础服务：主要包括阳光办电服务（业扩报装、用电变更、电费查询缴纳、票据服务、用电咨询、投诉或建议等业务）、故障报修维修服务、停复电信息通知服务等。

个性化服务：主要包括红船党员服务、面对面电能表轮换签证服务、化解用电纠纷服务、差异化能效服务、对“关心关爱人员”提供个性化增值服务等。

其他服务：主要结合阶段性工作重点，开展居民光伏巡视、指导客户安全经济用电、参与需求侧响应等；结合当地资源禀赋和自身优势特点，推广应用地方特色的电能替代、绿色出行及智能家居等新技术；配合当地政府进行美丽乡村建设等。

1.2 运营规范要求

1.2.1 服务环境

服务环境的要求如下：

（1）供电营业厅应整洁明亮、布局合理、舒适安全，做到“四净四无”，即地面净、桌面净、墙面净、门面净，无灰尘、无纸屑、无杂物、无异味。营业厅门前无垃圾、杂物，不随意张贴印刷品。

（2）营业厅的服务环境应具备统一的国家电网有限公司标识，符合《国家电网有限公司标识应用管理办法》《国家电网有限公司标识应用手册》相关要求，整体风格应力求鲜明、统一、醒目。

（3）营业厅外的标识、服务设施应有专人定时维护清理，若有污渍、破损、脱落等，应及时清洁或更换。无障碍通道应保持畅通，设置停车位的应做好秩序维护。

1.2.2 信息公开

信息公开主要内容包括政策文件及通知、业务宣传折页、服务监管热线、服务规范及准则、工作流程及时限、收费项目及标准、供电情况等。

1.2.2.1 政策文件及通知

针对国家电网有限公司发布的新文件、新政策、新通知等，除通过电子海报机公开外，也可通过公告栏进行公开。公开内容包括电网最新出台的相关政策文件、通知及其他需要公开的内容。

公开方式： 可通过电子海报机、公告栏方式公开（任选其一或并存）。公告栏示例如图1–1所示。

图1–1　公告栏示例

注意事项：根据最新文件及时更新，做到规范公开。

1.2.2.2 业务宣传折页

为了方便客户自主了解用电业务知识、办理方式等，应在营业厅的显眼处设置宣传架，摆放宣传折页。

折页摆放要求：公开的具体内容需完整，折页的版本应为最新版本，根据最新文件和政策要求，做好及时更新。宣传架上有空缺时，应及时补充相关资料，保证宣传折页规范摆放，如图1–2所示。

上架的宣传折页应具有“95598”和“12398”标识，版本应及时更新为最新版本，做好定期的动态调整，保障宣传折页的有效性和及时性。宣传折页示例如图1–3所示。

图 1–2　宣传折页规范摆放示例

图 1–3　宣传折页示例

1.2.2.3 服务监管热线

12398能源监管热线专门受理能源监管投诉举报的服务电话，对外向公众展示。公开的内容为“12398能源监管热线牌”示例如图1–4所示。

公开方式：可通过电子海报机、上墙方式公开（任选其一或并存）。

注意事项：公开的具体内容需完整，配置微信公众号二维码和App二维码标识，并按照最新文件和版本进行及时更新。

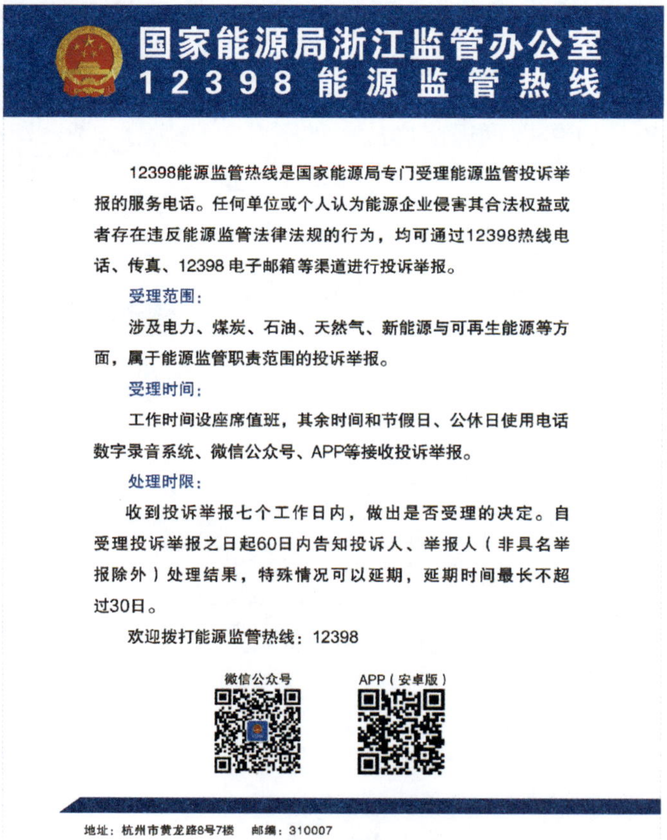

图1–4　“12398能源监管热线牌”示例

1.2.2.4 服务规范及准则

根据供电营业厅运营规范要求，应对厅内营业人员的基本信息、工作准则要求做到公开。公开内容包括：

（1）基本信息：“营业厅人员服务介绍”示例如图1–5所示。

（2）工作准则：供电职工服务守则（图1–6）、国家电网有限公司员工服务

“十个不准”（见图1–7）、国家电网有限公司供电服务“十项承诺”（见图1–8）、用户受电工程“三指定”行为认定指引公示摘录（见图1–9）。

公开方式：可通过电子海报机、上墙方式公开（任选其一或并存）。

注意事项：公开展示内容的模板均需配有95598、12398标识，公开的具体内容需完整，并按照最新文件进行及时更新。

图 1–5　“营业厅人员服务介绍”示例

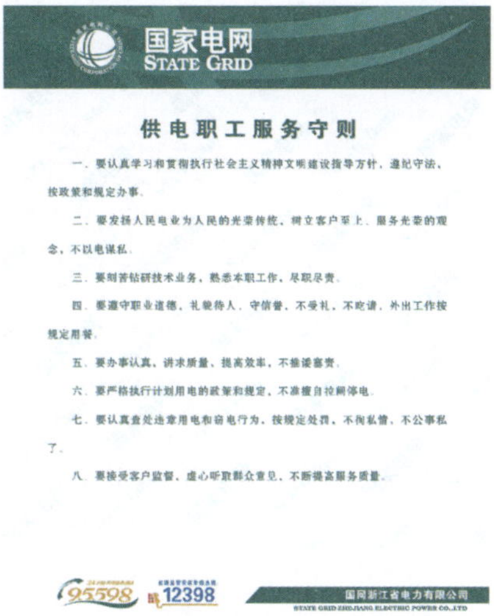

图 1–6　“供电职工服务守则”示例

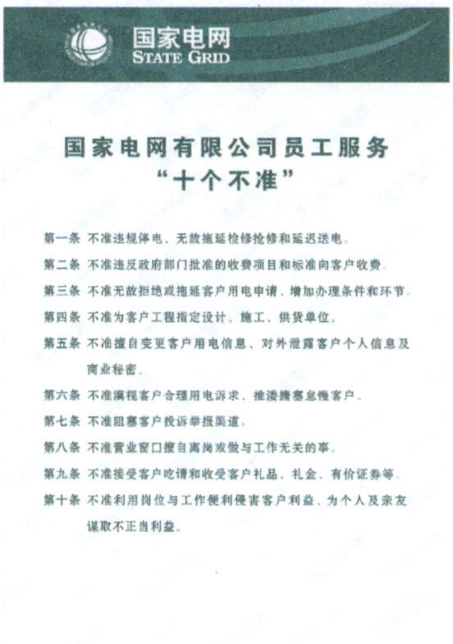

图 1–7　国家电网有限公司员工服务“十个不准”示例

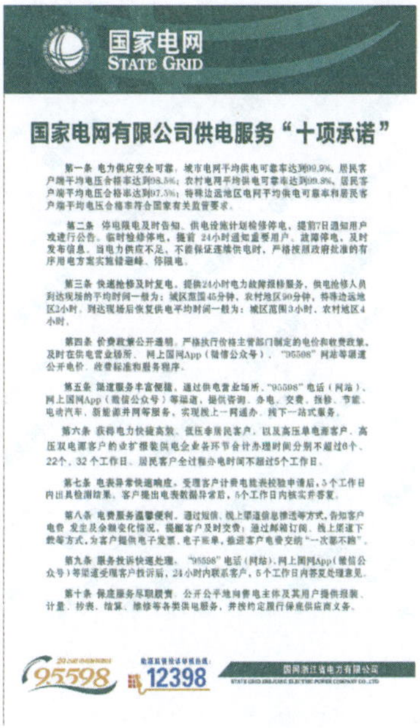

图 1–8　国家电网有限公司供电服务“十项承诺”示例

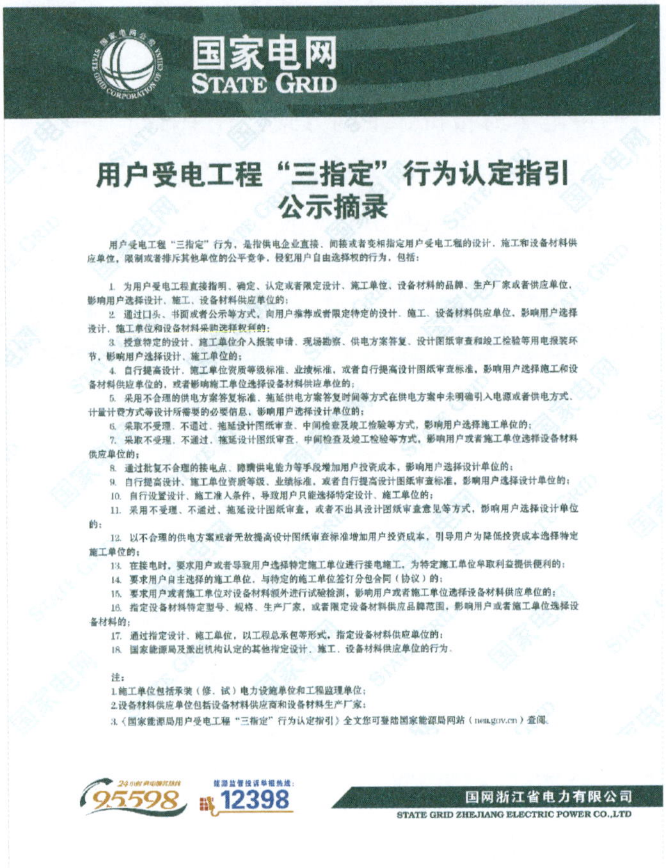

国家电网
STATE GRID

用户受电工程“三指定”行为认定指引
公示摘录

用户受电工程“三指定”行为，是指供电企业直接、间接或者变相指定用户受电工程的设计、施工和设备材料供应单位，限制或者排斥其他单位的公平竞争，侵犯用户自由选择权的行为，包括：

1. 为用户受电工程直接指明、确定、认定或者限定设计、施工单位、设备材料的品牌、生产厂家或者供应单位，影响用户选择设计、施工、设备材料供应单位的；
2. 通过口头、书面或者公示等方式，向用户推荐或者限定特定的设计、施工、设备材料供应单位、影响用户选择设计、施工单位和设备材料采购选择权利的；
3. 授意特定的设计、施工单位介入报装申请、现场勘察、供电方案答复、设计图纸审查和竣工检验等用电报装环节，影响用户选择设计、施工单位的；
4. 自行提高设计、施工单位资质等级标准、业绩标准，或者自行提高设计图纸审查标准，影响用户选择施工和设备材料供应单位的，或者影响施工单位选择设备材料供应单位的；
5. 采用不合理的供电方案答复标准、拖延供电方案答复时间等方式在供电方案中未明确引入电源或者供电方式、计量计费方式等设计所需要的必要信息，影响用户选择设计单位的；
6. 采取不受理、不通过、拖延设计图纸审查、中间检查及竣工检验等方式，影响用户选择施工单位的；
7. 采取不受理、不通过、拖延设计图纸审查、中间检查及竣工检验等方式，影响用户或者施工单位选择设备材料供应单位的；
8. 通过批复不合理的接电点、隐瞒供电能力等手段增加用户投资成本，影响用户选择设计单位的；
9. 自行提高设计、施工单位资质等级、业绩标准，或者自行提高设计图纸审查标准，影响用户选择设计单位的；
10. 自行设置设计、施工准入条件，导致用户只能选择特定设计、施工单位的；
11. 采用不受理、不通过、拖延设计图纸审查，或者不出具设计图纸审查意见等方式，影响用户选择设计单位的；
12. 以不合理的供电方案或者无故提高设计图纸审查标准增加用户投资成本，引导用户为降低投资成本选择特定施工单位的；
13. 在接电时，要求用户或者导致用户选择特定施工单位进行接电施工，为特定施工单位牟取利益提供便利的；
14. 要求用户自主选择的施工单位，与特定的施工单位签订分包合同（协议）的；
15. 要求用户或者施工单位对设备材料额外进行试验检测，影响用户或者施工单位选择设备材料供应单位的；
16. 指定设备材料特定型号、规格、生产厂家，或者限定设备材料供应品牌范围，影响用户或者施工单位选择设备材料的；
17. 通过指定设计、施工单位，以工程总承包等形式，指定设备材料供应单位的；
18. 国家能源局及派出机构认定的其他指定设计、施工、设备材料供应单位的行为。

注：
1.施工单位包括承装（修、试）电力设施单位和工程监理单位；
2.设备材料供应单位包括设备材料供应商和设备材料生产厂家；
3.《国家能源局用户受电工程“三指定”行为认定指引》全文您可登陆国家能源局网站（nea.gov.cn）查阅。

24小时供电服务热线 95598　能源监管投诉举报热线：12398　国网浙江省电力有限公司 STATE GRID ZHEJIANG ELECTRIC POWER CO.,LTD

图 1–9　“用户受电工程“三指定”行为认定指引公示摘录”示例

1.2.2.5 工作流程及时限

为保证客户用电业务工作申请后有序开展，实施流程应严格规范并做到简化，最大限度地缩短业务办理时限，降低客户业务办理等待时长，提高客户满意度。公开内容包括“用电业务工作流程图”（见图 1–10）和“常用变更业务时限说明表”（见图 1–11）。

公开方式：可通过电子海报机、上墙方式公开（任选其一或并存）。

注意事项：“用电业务工作流程图”公开展示内容的模板需配有 95598、12398 标识，公开的具体内容需完整，并按照最新文件进行及时更新。“常用变更业务时限说明表”需明确承诺时限（工作日）。

1.2.2.6 收费项目及标准

为了让客户第一时间了解最新的电价变化情况及相关标准，本项公开的内容

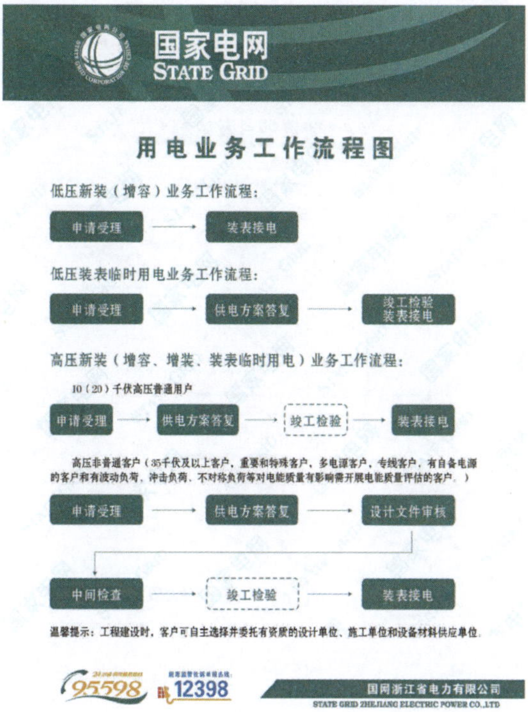

国家电网 STATE GRID

用电业务工作流程图

低压新装（增容）业务工作流程：

申请受理 → 装表接电

低压装表临时用电业务工作流程：

申请受理 → 供电方案答复 → 竣工检验 装表接电

高压新装（增容、增装、装表临时用电）业务工作流程：

10（20）千伏高压普通用户

申请受理 → 供电方案答复 → 竣工检验 → 装表接电

高压非普通客户（35千伏及以上客户，重要和特殊客户，多电源客户，专线客户，有自备电源的客户和有波动负荷、冲击负荷、不对称负荷等对电能质量有影响需开展电能质量评估的客户。）

申请受理 → 供电方案答复 → 设计文件审核 → 中间检查 → 竣工检验 → 装表接电

温馨提示：工程建设时，客户可自主选择并委托有资质的设计单位、施工单位和设备材料供应单位。

95598 12398 国网浙江省电力有限公司 STATE GRID ZHEJIANG ELECTRIC POWER CO.,LTD

图 1–10　“用电业务工作流程图”示例

国家电网 STATE GRID

常用变更类业务时限说明表

业务		承诺时限（工作日）	备注
通用	更名	5	
	过户	5	电费结清后
	表计、互感器校验	5	5个工作日出具校验结果
居民	一户多人口	5	
	社会救助对象优惠	5	
	峰谷表变更	2（5）	需换表5个工作日
非居民	改类（电价）	2（5）	需换表5个工作日
	暂停（暂停恢复）	申请暂停（恢复）当日	需提前5个工作日申请
	基本电费计费方式变更	2（5）	需换表5个工作日
	需量值调整	2	

95598 12398 国网浙江省电力有限公司 STATE GRID ZHEJIANG ELECTRIC POWER CO.,LTD

图 1–11　“常用变更业务时限说明表”示例

包括“国网浙江省电力关于2023年2月代理工商业用户购电价格的公告”（见图1–12）、“浙江省电网销售电价表”（见图1–13）和“收费项目及依据”（见图1–14）。

国家电网 STATE GRID

国网浙江省电力有限公司关于2023年2月代理工商业用户购电价格的公告

各工商业电力用户：

根据《国家发展改革委关于进一步深化燃煤发电上网电价市场化改革的通知》（发改价格〔2021〕1439号）、《国家发展改革委办公厅关于组织开展电网企业代理购电工作有关事项的通知》（发改办价格〔2021〕809号）、《省发展改革委关于转发<国家发展改革委办公厅关于组织开展电网企业代理购电工作有关事项的通知>的通知》（浙发改价格〔2021〕406号）、《2023年浙江省电力市场化交易方案》（浙发改能源〔2022〕302号）、《省发展改革委 浙江能源监管办 省能源局关于做好2023年度浙江省电力市场化交易相关工作的通知》等有关要求，经报省发展改革委、省能源局、浙江能源监管办备案，我公司就2023年2月1日至2023年2月28日代理购电价格有关事项公告如下。

附表：1.《国网浙江省电力有限公司代理购电工商业用户电价表》

2.《国网浙江省电力有限公司执行1.5倍代理购电价格表》

3.《国网浙江省电力有限公司代理购电价格表》

图 1–12　“国网浙江省电力关于 2023 年 2 月代理工商业用户购电价格的公告”示例

图 1-13 “浙江省电网销售电价表”示例

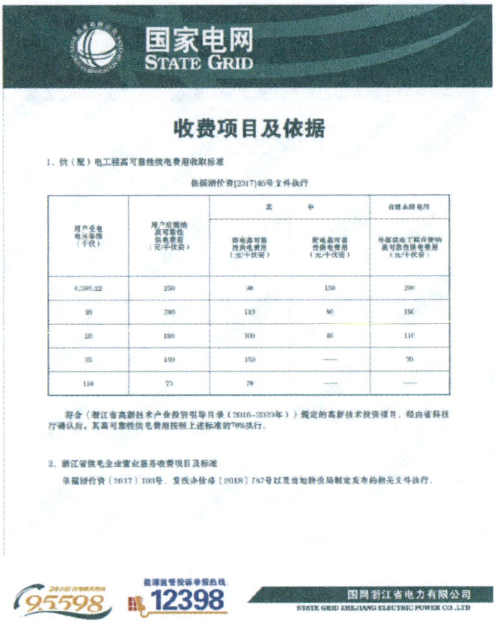

图 1-14 “收费项目及依据”示例

公开方式：可通过电子海报机、上墙、公告栏方式公开（任选其一或并存）。

注意事项：公开展示内容的模板均需配有95598、12398标识，公开的具体内容需完整。“国网浙江省电力关于2023年2月代理工商业用户购电价格的公告”应做到每月月底前3天进行公开和更新，“浙江省电网销售电价表”和“收费项目及依据”根据最新文件及时更新。

1.2.2.7 供电情况

为了让客户了解本地区电网接入和容量情况及供电质量，对供电情况进行信息公开，公开的内容包括本地区配电网接入能力和容量受限情况（见图1-15）、供电可靠率和电压合格率（见图1-16）。

公开方式：可通过电子海报机、公告栏方式公开（任选其一或并存）。

注意事项：要求做到每季度及时更新一次。

1.2.3 设施设备

1.2.3.1 配置类型

营业厅的设施设备包括营业厅标识、功能性标志、办公设施及设备、智能设

本地区配电网接入能力和容量受限情况（　　年四季度）

单位：国网　供电公司（市本级）

类型	主变压器（台）	容量（kVA）	线路长度（km）
220kV	13	2880000	566.096
110kV	46	2263000	957.25
35kV	37	618000	424.137
10（20）kV	—	—	4765.057
配电公用变压器数量（台）	5201	3116080	—

单位：国网供电公司（市本级）

序号	接入受限配电线路/台区	额定接入容量（kVA）	剩余接入容量（kVA）	影响区域范围
1	无			

填写说明：1.本表数据为截止　　年12月31日。
2.本表应每月更新并向社会公开。
3.无接入受限配电线路/台区的，填写“无”。

图 1-15　本地区配电网接入能力和容量受限情况公开示例

序号	地市	城市供电可靠率(%)	农村供电可靠率（%）	城市电压合格率（%）	农村电压合格率（%）
1	杭州	99.9996	99.9988	99.998	99.991
2	宁波	99.9997	99.9901	99.997	99.991
3	嘉兴	99.9994	99.9977	99.98	99.894
4	湖州	99.9986	99.9957	99.934	99.882
5	绍兴	99.9986	99.9945	99.981	99.872
6	衢州	99.9985	99.9890	99.942	99.885
7	金华	99.9984	99.9892	99.964	99.836
8	温州	99.9965	99.9936	99.985	99.839
9	台州	99.9982	99.9907	99.987	99.919
10	丽水	99.9956	99.9853	99.998	99.923
11	舟山	99.9988	99.9961	99.99	99.947
12	全省	99.9987	99.9931	99.985	99.923

图 1-16　供电可靠率和电压合格率公开示例

备、宣传展示设施、安防设施和配套管理系统。具体配置如下：

（1）营业厅标识：营业厅门楣、营业厅铭牌、12398能源监管热线铭牌、营业时间牌、95598双面小型灯箱、营业厅背景板、防撞条等。

（2）功能性标志：“正在巡视中”标志牌、“小心地滑”标志牌、“设备维修中”标志牌、“您已进入监控区域”标志、“营业中/休息中”标志牌、“暂停服务”标志牌、无线网络及Wi-Fi标志、禁烟标志、功能区指示标志、“温馨提示”标志（三类企业信息查询电脑提示）等。

（3）办公设施及设备：拍摄扫描仪、办公电脑、办公物品（书写工具、客户代表工号牌）、录音设备、三类企业信息查询电脑（12398能源监管查询终端）等。

（4）智能设备：智能综合导览台/引导台/排队机、叫号显示屏、桌面互动屏（包括岗位牌、客户评价器）、自助缴费机、自助业务办理机、营销体验设备等。

（5）宣传展示设施：宣传架、电子海报机、公告栏、易拉宝等。

（6）安防设施：音/视频监控系统、电子门禁系统、紧急报警系统、保险柜、移动防护栏、消防设施等。

（7）配套管理系统：营业厅信息化平台等。

1.2.3.2 配置规范示例

营业厅外应配有绿底的国网Logo门楣；应悬挂营业厅名称、营业时间、12398能源监管热线铭牌，且模板正确；应配置国网95598供电服务热线双面灯箱。营业厅外设置配置示例如图1–17所示。

图 1–17　营业厅外设置配置示例

营业厅内应保持环境整洁，设施设备布局合理、舒适安全。相关注意事项见“典型常用设备介绍”和“便民设施”示例展示。营业厅内设施配置参考示例如图1–18所示。

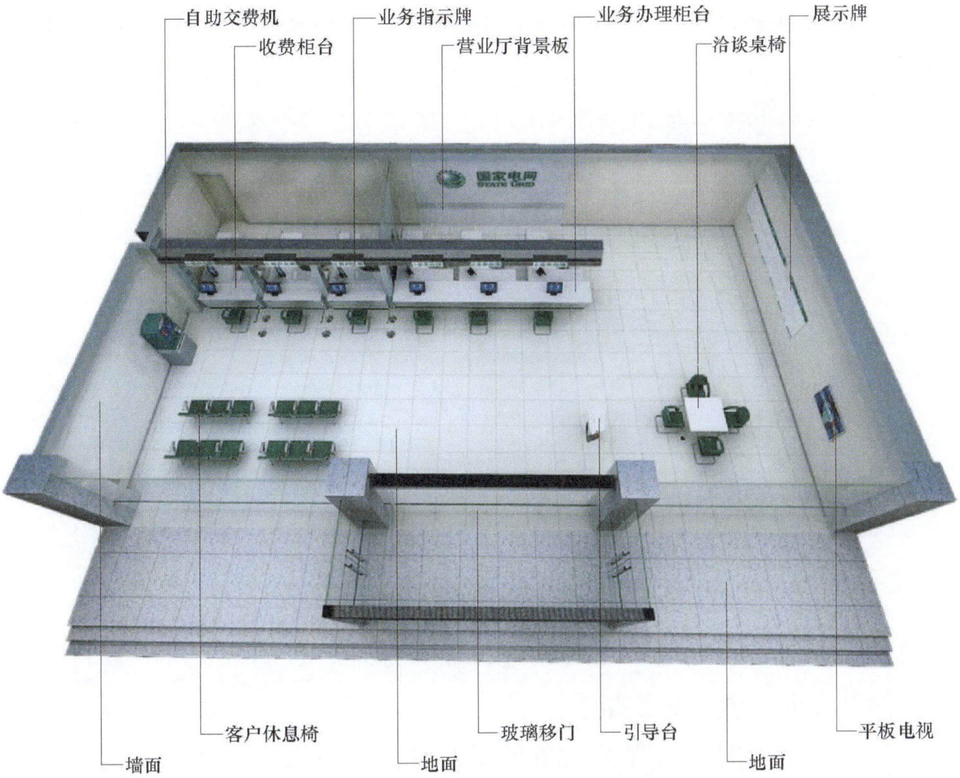

图 1-18 营业厅内设施配置参考示例

1.2.3.3 典型常用设备介绍

在营业厅日常运营管理中，营业人员应具备熟练操作、使用及管理厅内设施设备的能力。下面就几类典型的常用设备进行介绍。

（1）电子海报机示例如图1-19所示。

主要功能：宣传和信息公开的展示，内容主要包括“营业人员服务介绍”“供电职工服务守则”、国家电网有限公司员工服务“十项承诺”、国家电网有限公司供电服务“十个不准”、用户受电工程“三指定”行为认定指引公示摘录、“国网浙江省电力关于2023年2月代理工商业用户购电价格的公告”“浙江省电网销售电价表”“收费项目及依据”等。

注意事项：营业时，应保证设备处于开机

图 1-19 电子海报机示例

状态，当设备出现故障时，应摆放故障指示牌，并报备进行维修，防止机器长时间停用。

（2）自助业务办理一体机示例如图1–20所示。

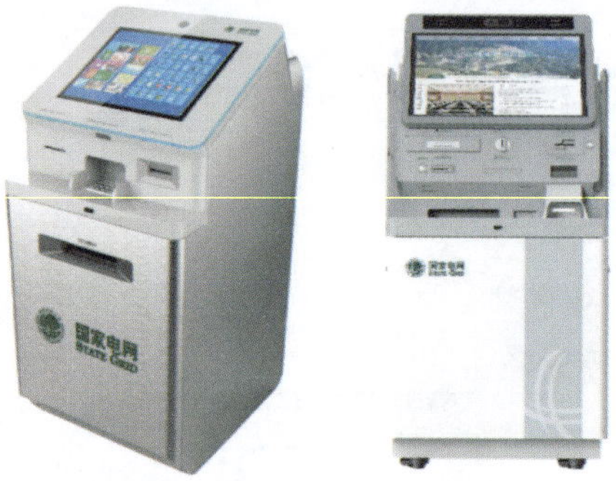

图 1–20　自助业务办理一体机示例

主要功能：客户可通过设备自助进行业务办理、自助缴费等。如自助缴纳电费、户号信息查询、个人业务办理等。

注意事项：营业时，应保障设备处于开机状态，当客户在使用过程中遇到问题时，工作人员应进行协助，指导客户进行设备规范操作，完成业务的相关办理。设备故障时，应及时报修并张贴故障标识。

（3）三类企业信息查询电脑（12398能源监管查询终端）示例如图1–21所示。

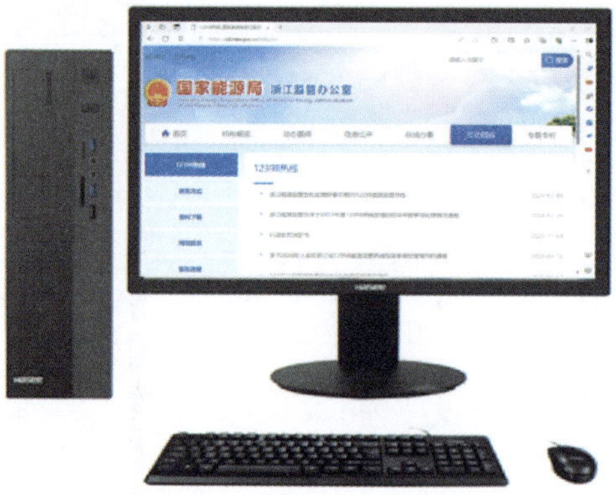

图 1–21　三类企业信息查询电脑示例

主要功能：便于客户通过设备查询（售电办理）网站，自主选择合适的售电单位，有效避免用户受电工程“三指定”（供电企业直接、间接或者变相指定用户受电工程的设计、施工和设备材料供应单位，限制或者排斥其他单位的公平竞争，侵犯用户自由选择权的行为）行为的发生。用户可以登录中华人民共和国住房和城乡建设部网站http：//www.mohurd.gov.cn/，查询并选择具备相应资质的设计单位；登录浙江省电力用户受电工程市场信息与监管系统http：//202.107.201.109：8089/gcmis/base/Login/index.ao，查询并选择具有相应资质的施工、试验单位等。

注意事项：应在电脑旁张贴“国家能源监管信息查询”指引标识，设备处于开机状态。电脑打开相关业务（售电办理）网页网站，方便客户进行自主查询和选择。当设备出现故障时，应摆放故障指示牌，并报备进行维修，防止机器长时间停用。

（4）“网上国网”云终端示例如图1–22所示。

主要功能：用户可通过设备自助进行业务办理（包括变更和新装报装）、电费缴费、信息查询等业务，同时整合在线服务资源，打造国家电网有限公司统一服务入口，实现线上线下一体化运营。

注意事项：营业时，应保证设备处于开机状态，当客户在使用过程中遇到问题时，工作人员应进行协助，指导客户进行设备规范操作，完成业务的相关办理。设备故障时，应及时报修并张贴故障标识。

图 1–22 “网上国网”云终端示例

（5）自助缴费机示例如图1–23所示。

主要功能：用户可通过自助设备进行电费缴纳等相关业务。

注意事项：营业时，应保证设备处于开机状态，当客户在使用过程中遇到问题，工作人员应进行协助，指导客户进行设备规范操作，完成业务的相关办理。设备故障时，应及时报修并张贴故障标识。

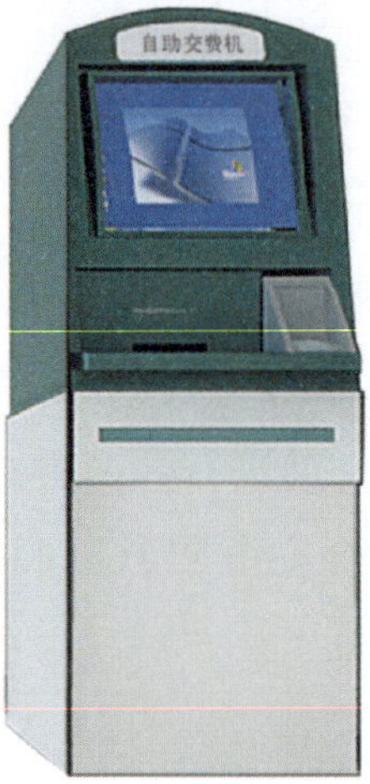

图 1–23　自助缴费机示例

1.2.4 便民设施

营业厅内的便民设施包括便民伞、便民箱、饮水设备、便民读物、意见箱、老花眼镜等。

相关的配置要求及注意事项如下：

（1）便民伞配置示例如图1–24所示。在营业厅靠大门口附近应配置便民伞架，且架内配置足够的雨伞（不少于一把），便于客户随取随用。

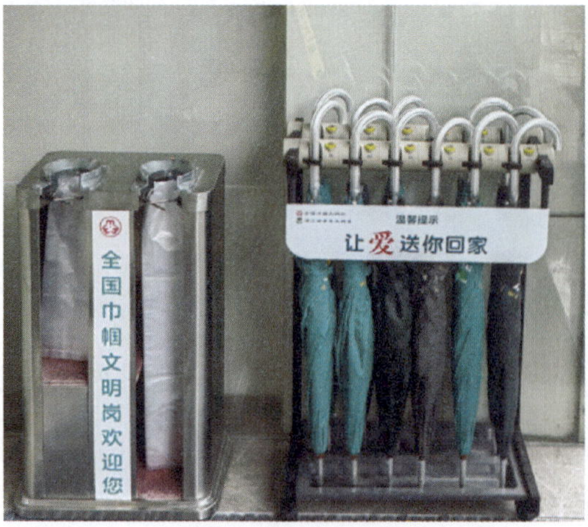

图 1–24　便民伞配置示例

（2）便民箱示例如图1-25所示。应配备便民箱，放置常见的便民药品，如风油精、创口贴、棉签、碘消毒水等。所有药品定期检查，保证药品在有效期内。

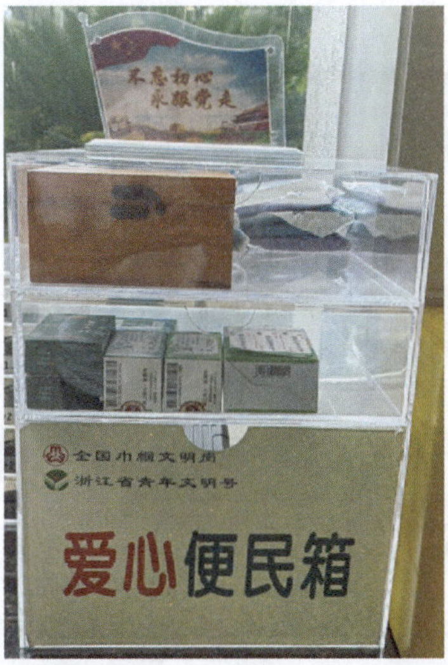

图1-25　便民箱示例

（3）饮水设备示例如图1-26所示。应提供干净的整套饮水设备，包含饮用水、一次性纸杯。要求桶装纯净水应有明确的换水日期，且换水周期不得超过10日。对于没有明显更换日期的饮水设备，如烧水壶、暖水瓶等，每日下班后应将剩余水底及时处理，且应定期消毒。

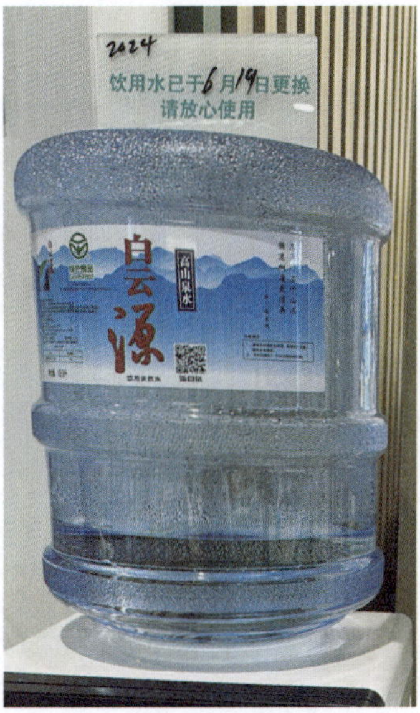

图1-26　饮用设备示例

（4）便民读物。对于A、B级营业厅应设置便民读物栏、报刊架等便民读物设施。报刊架放置的报刊、读物等应及时进行更新，定期做好更换工作。报刊架示例如图1–27所示。

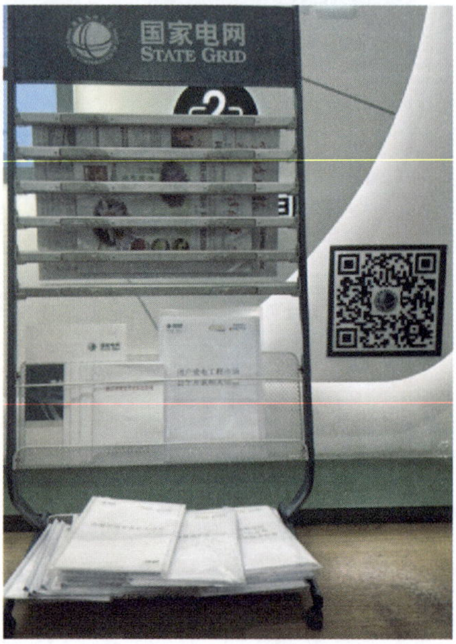

图 1–27　报刊架示例

（5）意见箱。营业厅应设置意见箱（见图 1–28），在日常巡检中应查阅客户意见箱，对客户反映的意见和建议及时向营业厅主管反映，在5个工作日内填写反馈意见，必要时进行电话回访。

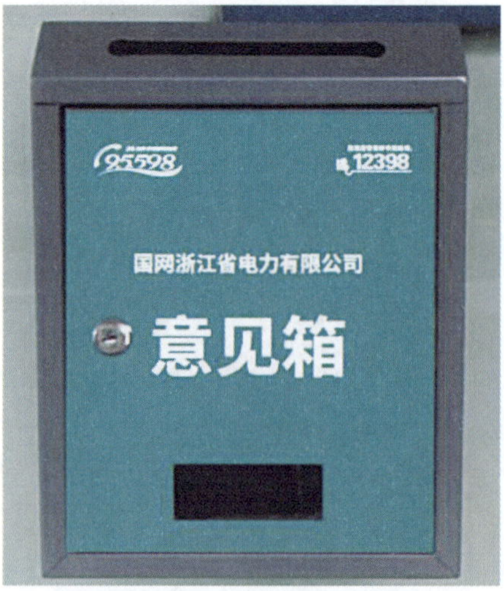

图 1–28　意见箱示例

（6）老花眼镜。在营业厅内配置老花眼镜，便于老人到营业厅办理业务需要时随时取用。

1.3 其他规范

1.3.1 工作纪律要求

（1）到岗到位。营业时间营业柜台内不允许出现长时间无受理员现象（营业时间内，无论A、B、C级营业厅，人员在岗数不少于1人），A、B级营业厅安排引导人员在岗，保证营业时间内营业人员到岗到位。

（2）离席亮牌。营业人员执行离席亮牌制，受理人员不在岗时，应在柜台指定位置放置离席“暂停服务”标志牌（见图1–29）。

图1–29　离席“暂停服务”标志牌示例

（3）不做与业务无关的事情。营业时间内，工作人员不允许从事与营业厅业务无关的事情，如用工作电脑打开与工作无关的网页、玩手机、睡觉等。

1.3.2 安全要求

1.3.2.1 人员安全

定期开展安全防范基本知识、应急事件处置、安防设施操作等安全教育，增强营业厅服务人员安全防范意识。

营业厅应设置醒目标识区分公共服务区域与内部办公区域，必要时，可设置电子门禁，防止非营业厅服务人员进入内部办公区域。

1.3.2.2 资金安全

营业厅必须严格遵守财务相关管理制度及纪律，加强对收费员的指导与监督。

收取的现金应每日解款，超过解款时间后收取的现金应存入保险柜，并于次日解款。

解款应由安保人员随同，未配备安保人员的，应至少由2名员工一同送交资金。在营业厅内交割解款资金应在音/视频监控下进行。

私人现金、有价证券、贵重物品不得存放于营业厅内。

需要保留封闭式收费窗口的，收费人员进入收费区后，应确认关闭防盗安全门；非收费人员不得随意进入收费区，确需进入收费区或开闭自助设备款箱时，需征得营业厅主管人员同意。

1.3.2.3 信息安全

加强服务人员信息安全培训，增强信息安全警惕性，防范信息安全事件发生，如发现异常应采取相应处理措施并及时上报。

各类口令不得随意张贴或告诉他人，口令长度不得小于8位，且应包含数字、大写字母、小写字母和特殊字符三种以上组合，严禁默认口令、弱口令或空口令。

营业厅办公电脑不得安装非公司要求、来源不明软件，不得随意卸载杀毒软件，各类服务设备必须物理关闭裸露数据端口，且做好封堵，防止非法外联情况发生。

营业厅Wi-Fi应设置动态密码，通过手机短信验证登录且可溯源，严格限制用户访问权限，仅能访问公司互联网业务，做好Wi-Fi网络连接的操作说明。

加强信息安全隐患排查，将信息安全检查纳入营业厅巡视内容，做好安保措施，严防物理入侵、信息套取等社会工程学攻击。

1.3.2.4 消防安全

认真执行政府主管部门、公司有关营业厅消防安全管理要求，落实消防安全责任制。定期组织营业厅服务人员开展消防安全应急培训，普及消防知识、提高消防技能。

强化消防安全隐患排查，将消防安全检查纳入营业厅日常巡检内容，重点检查消防设备完备情况，以及监控死角、火灾易发区等，及时发现、消除火灾隐患。

制订有针对性的灭火和应急疏散预案，定期组织开展应急演练，提高营业厅服务人员处理火灾事件的能力。

1.3.2.5 场所安全

营业厅保安人员应具备相应的资质，负责营业厅场所的安全保卫、防火防爆工作。

营业中，保安人员应配置防卫器械，严密注意营业厅的动态，发现异常情况及时处理。如发现穿戴行为异常（戴头盔和面罩）的人员进入营业厅，保安人员和营业厅服务人员须提高警惕，必要时，启动应急预案。

营业结束后，除24h自助服务区外，营业厅应闭锁门窗，关闭各类设施设备的电源，仅保持紧急报警系统、音/视频监控系统、资金收取和存放区域照明等安防设施通电。

营业厅配合和协助相关部门完善信息安全管理制度建设，落实信息安全管理的日常工作，建立终端防护白名单目录并进行端口Mac绑定，非授权设备接入端口全部关闭，保障营业厅公共区域终端安全，防范非法接入。

营业厅应加强信息设备安装、调试、维护、维修、报废等环节的管理工作，防止因信息设备丢失、损坏、失窃及资产报废处置不当引起的信息泄露。营业厅客户代表不得随意在营业厅电脑上安装程序，未经授权任何人员不得擅自拷贝数据和文件等资料。

发生信息安全事件时，营业厅应及时向上级部门汇报，并及时报告处理工作进展情况。事件处置中要做好完整的过程记录，保存各相关系统日志直至处置工作结束。

2

通用服务礼仪

2.1 窗口服务礼仪

服务礼仪主要针对窗口日常营业过程中，工作人员的服务内容、步骤及服务要点进行详细阐述，旨在规范营业大厅工作人员的服务形象、服务礼仪及服务协同工作，提高营业大厅服务人员的服务质量。服务礼仪示意图如图2-1所示。

图 2-1　服务礼仪示意图

本节以全程引导服务为主线，从迎接客户开始，到礼送客户结束，对营业大厅迎送服务、引导分流、业务导办、柜台服务、投诉处理、后台协同、关爱服务、参观交流等典型服务内容与要求进行了描述，为供电营业大厅全方位服务提供了参考依据。

2.1.1 营业厅规范化服务

2.1.1.1 迎送服务

客户抵达和离开营业大厅时，营业员应按照接待礼仪规范做到主动迎接、礼貌恭送。

1.迎接客户

（1）问询工作人员在接待客户问询时实行站立式服务（见图2-2），当见到客户走向问询台时，工作人员应主动站立，保持规范站姿，面带微笑，主动问候，“您好，请问有什么需要帮助的吗？”

当柜台前无客户问询时，工作人员可以坐下等待，保持坐姿端正。

图 2-2　迎接客户站立式服务示意图

（2）客户询问某个位置时，营业员应规范手势语，明确表明方向。规范手势语的姿势为手指自然并拢，在同一平面上，与地面呈45°，指示正确方向。

（3）遇到有残疾人、老年人、儿童等行动不方便的客户，营业员应当主动上去打招呼并询问是否需要帮助。在给伤残人士服务时，一定要适度，切不可伤害其自尊心。如果是外国客户，不能主动搀扶，而应先征得客户的同意。

（4）如遇雨、雪天气，客户随身携带雨具的，营业员应当主动帮助顾客套好伞套。

2.送别客户

（1）营业员站在大门左侧，有客户离店要及时打开大门，主动点头致意，对离店客户说，“请慢走！欢迎您再次光临”，目送客户离开。

（2）注意客户出门的过程，发现行动不便、手提行李、商品过多的顾客时，应当主动询问是否需要帮助，并叮嘱客户拿好随身携带的物品，以免丢失。

（3）如遇雨、雪天气，客户随身携带雨具的，营业员应当主动帮助顾客取下伞套。在客户出门前，给予客户一句关照，如“外面路滑，请当心！”或“天气很冷，请您注意保暖！”用细心的关怀给顾客带来温暖。

2.1.1.2 引导分流

客户进入营业大厅，引导员应主动询问客户需求，根据营业厅现场情况对客户进行引导、分流。

（1）问候并了解客户需求。引导员应主动上前迎接客户，问好并行15°或30°鞠躬礼，了解客户需求，应做到态度诚恳、语言亲切。

话术示例：

话术1："您好，请问您需要办理什么业务？"

话术2："您想办理××业务，对吗？"

（2）引导取号。在确认客户需求后，引导员为客户准确取号，服务礼仪示意图如图2-3所示。

注意事项：取号时，应站在客户一侧，双手递送叫号单。

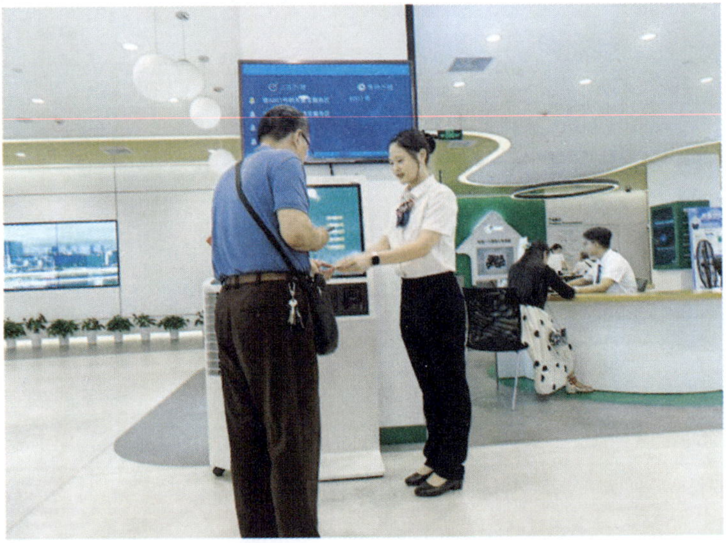

图2-3　引导员为客户准确取号服务礼仪示意图

话术示例：

话术："这是您的叫号单，请您到业务待办区等候，留意叫号。"

2.1.1.3 业务导办

客户取号后，引导员应根据客户所办业务内容进行业务导办。

注意事项：

（1）行走时，在客户的侧前方，使用引导礼，用外侧手为客户指引方向。

（2）时时关注客户并及时归位，不出现无引导状态；有条件的营业厅，可采用双引导员模式。

2.1.1.3.1 业务办理区/收费区

引导员根据客户所办业务指引客户到相关柜台办理，并做好岗位联动。当客户办理的业务较为复杂时，引导员在指引客户到相应柜台后，应向柜台营业人员交代清楚客户需求。

2.1.1.3.2 业务待办区

1.引导客户填单

引导客户填单礼仪示意图如图2-4所示：

（1）使用指示礼和引导礼，面带微笑，态度真诚、亲切。

（2）递单时，单据的文字或图形正对客户，双手递送。

（3）递送签字笔时，笔尖朝内，并提供客户业务对应的表单样本。

注意：必要时，可代为填写，但忌代客户签名。

话术示例：

话术1："麻烦您到这边填写一下××单。"

话术2："请在这里签名。"

图2-4 引导客户填单礼仪示意图

2.指导填单

客户填单结束后，如还未叫号或等候时间较长的情况下，引导员应引导客户至业务待办区等候，提醒客户留意叫号，并适时进行业务宣传和推广。

3.工作内容及注意事项

如营业厅内等候客户较多，应主动做好客户情绪安抚工作，维持营业秩序；适时进行业务推广工作，宣传电力相关知识；对客户阅读进行指示时，行指导礼。

话术示例：

话术1："您好！您前面等候的人数有××人，请您耐心等待，关注叫号。"

话术2："您好，这是我们最新的××业务宣传资料，请您先了解一下。"

2.1.1.3.3 洽谈区

大客户来访时，引导员应及时将其引导至洽谈区，并安排专人提供“一对一”服务洽谈区服务礼仪示意图如图2–5所示。

图 2–5 洽谈区服务礼仪示意图

工作内容及注意事项：通知营业厅主管和相关接待人员；及时为客户倒茶递水；做好引荐工作。

话术示例：

话术1：“请喝茶！”

话术2：“请稍等，我马上为您联系我们主管。”

2.1.1.3.4 展示区

当客户咨询相关用电资讯时，应引导客户至展示区进行介绍，展示区服务礼仪示意图如图2–6所示。

图 2–6 展示区服务礼仪示意图

注意事项：面带微笑、口齿清晰、语气亲切；注意控制时间，以免客户过号；耐心解释，直到客户了解清楚。

话术示例：

话术：“你好，这里有相关的用电咨询……”

2.1.1.3.5 客户自助区

客户业务可使用自助设备办理时，应引导客户至自助设备办理，客户自助服务礼仪示意图如图2–7所示。

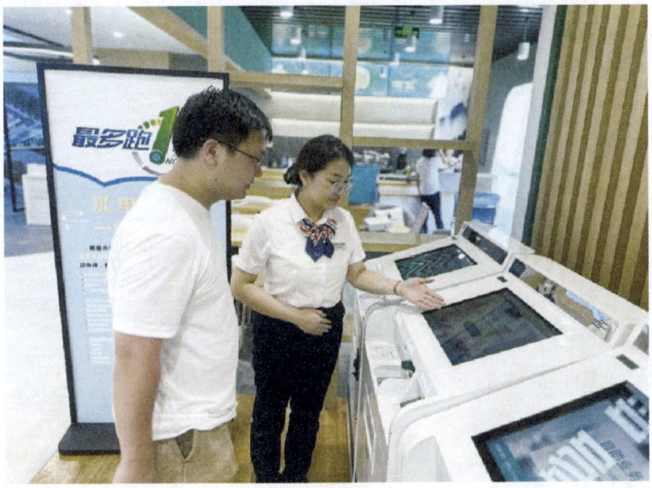

图 2–7　客户自助服务礼仪示意图

注意事项：辅助客户使用自助设备；讲解时，面带微笑，语气亲切；与客户保持适当的距离，便于客户操作；使用通俗易懂的表达方式，避免使用生僻的专业性词汇；辅助过程中，切忌出现不耐烦情绪。

话术示例：

话术1：“您可以在自助设备上办理，更快、更方便！”

话术2：“您可以在这里……先……，如有不清楚的地方，请随时咨询我。”

2.1.1.4 投诉处理

营业厅发生客户投诉时，应在第一时间将客户引导至洽谈室，以免影响营业厅正常运营秩序。

2.1.1.4.1 安抚客户

客户进入洽谈室后，营业人员应立即汇报营业厅主管，安抚客户情绪并递送茶水。

注意事项：态度诚恳、语言亲切，避免客户情绪激化，忌在主管到来前让客户独处；适时递送茶水，递送茶水服务礼仪示意图如图2-8所示。

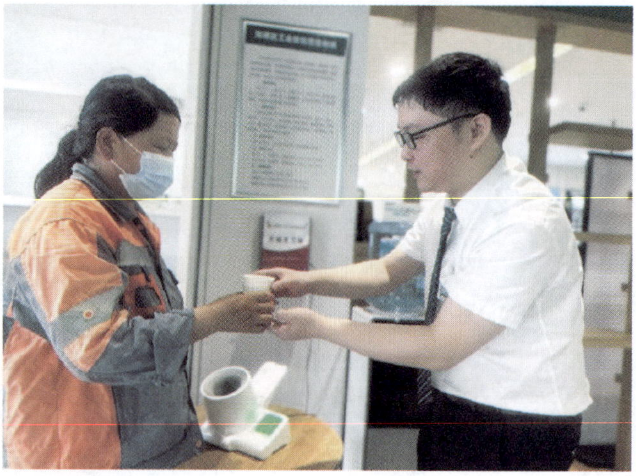

图 2-8　递送茶水服务礼仪示意图

话术示例：

话术1："您好，请您到洽谈室稍坐，我们主管马上为您处理，这边请。"

话术2："您好，请坐。"

话术3："您好，请用茶。"

2.1.1.4.2 处理投诉

营业厅主管应在了解情况后立刻出面，安抚客户情绪，协商解决方案，接待安抚服务礼仪示意图如图2-9所示。

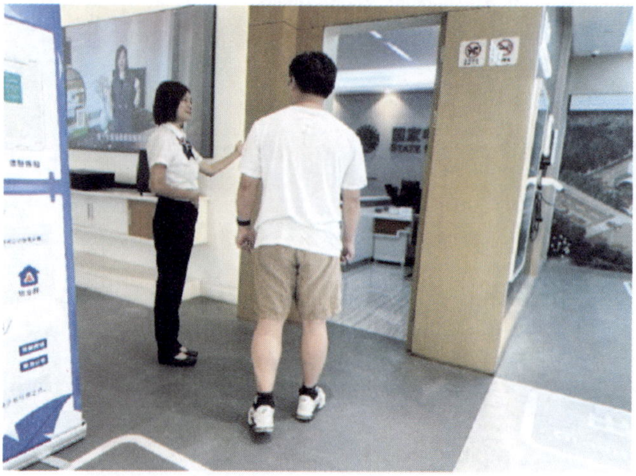

图 2-9　接待安抚服务礼仪示意图

工作内容及注意事项：首先，安抚客户情绪；其次，认真倾听客户意见；再次，提出解决方案，征求客户意见，取得客户认可；最后，礼貌送别客户。注意要对处理结果进行跟踪，严守处理时限。

话术示例：

话术1：“很抱歉，给您造成不便。我们将马上为您处理。”

话术2：“我非常理解您的心情，我一定会竭尽全力为您解决。”

话术3：“根据您的实际情况，我们的解决方案是这样的……您看是否合适？”

话术4：“您好！我是××，请问上次××事情的处理方案，您满意吗？”

2.1.1.5 参观交流

接到参观交流任务后，应制订接待方案，提前做好各项接待准备工作。

2.1.1.5.1 来宾接待

接待来宾时，应在约定时间、指定地点以饱满的精神状态等候，由营业厅主管出门迎接，其他营业人员在未办理业务的情况下起身迎接，来宾接待服务礼仪示意图如图2–10所示。

图 2–10　来宾接待服务礼仪示意图

注意事项：在接待来宾过程中，应尽量避免对客户办理业务造成影响。

话术示例：

话术：“您好，我是××，欢迎各位来到××供电营业厅指导工作，这边请！”

2.1.1.5.2 参观讲解

参照接待方案，为来宾介绍营业厅概况、运营情况等，安排专人进行引导参观讲解服务礼仪示意图如图2–11所示。

图 2-11　参观讲解服务礼仪示意图

工作内容及注意事项：介绍内容正确无误，语言亲切、通俗易懂；对来宾的提问，应认真倾听、耐心解答；对来宾的意见或建议，应虚心听取并记录。

话术示例：

话术："尊敬的各位领导/来宾，我是××，现在由我来向大家介绍××营业厅的基本情况……"

2.1.2 服务中心规范服务

2.1.2.1 柜台服务

2.1.2.1.1 柜台迎接

当客户走近柜台时，营业人员应起身相迎，礼貌示坐，柜台迎接服务礼仪示意图如图 2-12 所示。

图 2-12　柜台迎接服务礼仪示意图

工作内容及注意事项：客户走近柜台时，营业人员应立即暂停手中工作，起身相迎；微笑问候，礼貌示坐；待客户落座后，柜台营业人员方可落座。

话术示例：

话术："您好，请坐！"

2.1.2.1.2 沟通需求

客户入座后，营业人员应主动询问客户需要办理的业务类型，沟通需求服务礼仪示意图如图2-13所示。

图 2-13 沟通需求服务礼仪示意图

注意事项：面带微笑，主动询问客户需求；仔细聆听客户需求，复述客户需求进行确认；如未能清晰理解客户需求，应礼貌请求客户重述并致谢；忌随意打断客户讲话。

话术示例：

话术1："您好，请问您需要办理什么业务？"

话术2："您是需要办理××业务，对吗？"

2.1.2.1.3 业务办理/收费服务

客户提交业务资料后，营业人员按照客户所需办理的业务类别，审核客户信息及资料。收取现金时，收费员应做到"唱收唱付"。

工作内容及注意事项：如客户资料欠缺，应将《用户申请缺件通知》提交客户，待补充完善所有资料后再予办理；面带微笑，双手递接资料/票据；仔细核实客户信息及资料，认真审查表单/票据；接受现金时，应识别真伪，遵循"唱收唱付"，避免错收费用；仔细倾听，不随意打断客户讲话；业务办理过程中，为保持与客户时时互动，在不影响业务办理进度的情况下，可递送相关业务宣传折页供客户阅读；避免因服务态度、服务质量、工作质量引起客户投诉。

话术示例：

话术1：“请稍等，马上为您办理。”

话术2：“很抱歉，您还需要提供以下资料才能办理这项业务。谢谢您的配合！”

话术3：“请您确认业务办理信息，并在这里签字确认。”签字确认服务礼仪示意图如图2–14所示。

话术4：“您好，您的应交金额为××，收您××，找您××。这是您的发票和找零，请您收好！”

话术5：“您的××业务已办理完毕，请问还需要办理其他业务吗？”

话术6：“您好，这是我们的最新宣传资料。您可以了解一下！”

图2–14　签字确认服务礼仪示意图

接收客户资料请客户签字确认，“唱收唱付”，提醒客户保存票据。

2.1.2.1.4 业务咨询

如客户咨询用电业务办理及供电法律法规，柜台营业人员应提供相关资料，认真讲解，用电业务办理服务礼仪示意图如图2–15所示。

工作内容及注意事项：认真倾听、不随意打断客户讲话，详细记录并确认客户的咨询内容；未能理解客户需求时，应礼貌请求客户重述，并致谢；对客户描述的内容，复述确认；正确回答、耐心解释；提供相关资料；如无法现场回复客户问题，切忌随意回复，敷衍了事。

话术示例：

话术1：“您好，这是业务办理指南，有不明白的，您可以咨询我们。”

图 2-15　用电业务办理服务礼仪示意图

话术2："您好！您所咨询的问题是这样的……请问我讲解清楚了吗？"

2.1.2.1.5 柜台送离

客户完成业务办理离开柜台时，柜台营业人员应起身礼送，微笑道别，柜台送离服务礼仪示意图如图2-16所示。

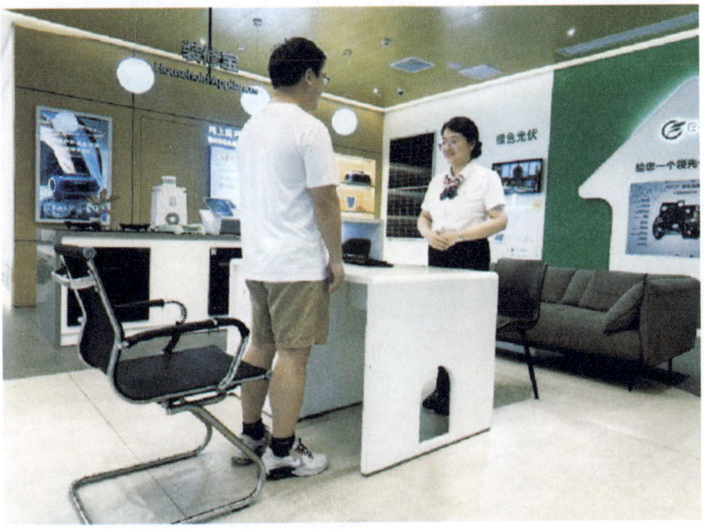

图 2-16　柜台送离服务礼仪示意图

工作内容及注意事项：主动询问并确认客户是否需要办理其他业务；起身行15° 或30° 鞠躬礼。

话术示例：

话术："请带好您的随身物品，请慢走，再见。"

2.2 热线服务礼仪

热线服务礼仪（见图2-17）也被称为现代礼仪的基础示范，为了正确使用语音服务，树立良好的客户服务形象，无论是发话人还是受话人，都应遵循热线服务的基本要求。

图 2-17　热线服务礼仪示意图

2.2.1 服务内容

（1）热线接入服务内容包括：信息查询，故障报修、咨询、投诉、举报、意见、建议、表扬和服务申请的受理，停电信息公告，客户信息更新，信息订阅。

（2）热线外拨服务内容包括：咨询、查询答复、报修回访、投诉举报、意见建议回访和答复、业扩报装回访、客户满意度调查等。

2.2.2 服务流程

热线服务流程图如图2-18所示。

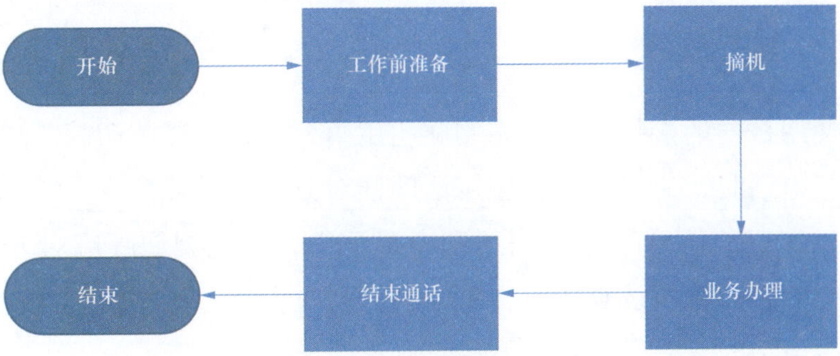

图 2-18　热线服务流程图

2.2.3 服务规范

2.2.3.1 工作前准备

（1）开启各类办公设备，检查工作台上的语音设备、计算机等是否正常运行。

（2）登录客户服务系统，并检查系统各项业务功能是否正常。

（3）了解上一个班次未处理完成的工作单。

2.2.3.2 摘机

1.摘机接听

（1）呼入电话应在铃响三声（12s）之内接听，超过三声（12s）接听的应首先向客户致歉。

（2）应在电话接通后，首先以普通话致问候语，主动表达服务意愿。

（3）出现系统故障导致无法自动播报问候语时，应采用人工服务用语，问候客户并表达服务意愿。

2.摘机外拨

（1）当进行客户满意度回访或回复客户咨询提问时，不宜在午休时间和晚上10点以后拨打客户电话，以免影响客户休息。提前与客户约定通话时间的，应按约定时间拨打客户电话。

（2）电话接通后，应报单位名称及工号。例如："您好，欢迎拨打国家电网××××服务热线××××号客户代表，请问您是××吗？"主动问候并确认客户身份，简要说明致电客户的事由，请客户支持。

（3）当客户表示不方便接听电话时，应向客户致歉并另外约定通话时间。

2.2.3.3 业务办理

（1）应使用普通话接打电话，使用文明用语，并轻拿轻放话筒。

（2）接打电话时，应先使用礼貌用语问候对方，并进行自我介绍。

（3）通话时，应语音清晰，语速和音量适中；应礼貌地呼应对方，适时使用附和语，令对方感到正被认真倾听，不轻易打断对方。

（4）接听电话时，应做到：

1）在铃响三声之内接听，超过三声接听时，应礼貌致歉。

2）接听时，应认真聆听、热情解答，重要内容应重复确认并笔录。

3）对方拨错电话或不清楚要找谁的时候，应礼貌告之拨错电话或热情为对方转接相关人员。

（5）拨出电话时，应做到：

1）公务电话宜在上班时间拨打，不得轻易改动双方约定的通话时间。白天宜在上午8点以后，节假日应在上午9点以后，晚上应在10点以前拨打。如无特殊情况，不宜在中午休息时和用餐时拨打电话。

2）电话接通后，首先向对方问好，并自我介绍，说明通话意图，征询对方是否方便，否则应另约时间。若不慎拨错电话，应主动向对方致歉。

3）通话时间宁短勿长。坚持“三分钟原则”，打电话前应有腹稿，拟出通话要点，理清说话顺序。如通话时间较长，应先征求对方意见，并在结束时致歉。

（6）通话结束时，如是与客户、领导、上级单位通话，应由对方先挂断电话；如是同事之间通话，应由发话人先挂断电话。

（7）禁忌：

1）在公开场合接打电话时，声音过大。

2）在会场、课堂等场合，伏下身子接听电话。

3）在通话未结束时，挂断对方电话。

4）电话接通后，使用“喂”等有失礼貌的称呼。

5）他人接打电话时，旁听或插话。

2.2.3.4 结束通话

（1）通话结束前，应确认客户是否还有其他需求或疑问。例如：“您好，请问您还需要其他帮助吗”？

（2）通话结束时，应感谢客户来电，使用标准的结束语。听到对方挂机声后，方可放下话筒，不可先行挂断。

（3）如在通话结束后对方未挂机，等待5s客户仍未挂机，客户代表可先行挂机。

2.3 在线服务礼仪

电子渠道线上服务也代表供电公司的对外服务形象，在和客户接触过程中，需要遵守标准的服务礼仪及服务规范。

2.3.1 服务内容

服务内容包括：咨询，信息公告（停电信息公告、用电常识宣传等），电费催费通知送达，自助交费（可选）等。

2.3.2 服务规范

2.3.2.1 问候用语

客户问候客服人员："小姐（先生）您好"时，客服人员应礼貌回应："您好，请问有什么可以帮您？"

2.3.2.2 沟通用语

（1）提供的信息较长，需要客户记录相关内容时，客服人员："麻烦您记录一下，谢谢"。

（2）客户询问客服人员个人信息超出标准时，客服人员："对不起，我的工号是××××号"。若客户坚持要求，可告诉客户公司规定只能通报工号。

（3）客户提出建议时，客服人员应这样回复："谢谢您提出的宝贵建议，我们将及时反馈给公司相关人员，再次感谢您对我们工作的关心和支持"。

（4）请求客户谅解时，客服人员："对不起，请您原谅"，或"对不起，很抱歉"。

（5）客户向客服人员致歉时，客服人员："没关系，请您别介意"。

（6）客户提出的要求无法做到时，客服人员："很抱歉，我无法帮助您！"或"很抱歉，这超出我们的服务范围，恐怕我不能帮助您"。

（7）客户向客服人员表示感谢时，客服人员必须回应："请不必客气"或"不客气”；若客户进一步表扬，客服人员这样回复：“请不必客气，这是我们应该做的”或者“这是我们的工作职责，感谢您对我们工作的支持，随时欢迎您再来电”。

（8）无法当场答复的客户咨询，客服人员这样回复：“对不起，您方便留下您的联系方式吗？我们核实后，会在三个工作日内尽快与您联系”。

2.3.2.3 忙碌用语

（1）在要求用户等候时，规范用语：“您的问题我需要核实一下，请您稍等”。禁忌用语：“你等下，我帮你问下”“你等下，我帮你问下老师/师兄”“请您稍等下，我帮你问下专家”。

（2）查询时间较长，超出45s时，应提示用户：“很抱歉，我正在与您核实/查询/确认相关问题，请您耐心等待，谢谢”。

（3）查询结束后，应提示用户：“非常感谢您的等待，关于您咨询的问题……”不建议说：“不好意思，让您久等。”因为这样，可能会带给用户确实久等的体验。

2.3.2.4 投诉用语

（1）客户投诉在线服务应答慢。客服人员：“对不起，感谢您的耐心等待！请问有什么可以帮您？”

（2）客户情绪激烈，破口大骂。客服人员：“对不起，某先生/小姐，请问有什么可以帮您？我一定会尽力帮您解决问题。”“对不起，某先生/小姐，请您慢慢说好吗？请问，您要反映哪方面的问题，我一定会帮您解决的”。

（3）客户责怪客服人员动作慢、不熟练。客服人员：“对不起，感谢您的耐心等待，我将尽快帮您处理”。

（4）客户投诉客服人员态度不好时。客服人员：“对不起，由于我们服务不周，给您添麻烦了，请您原谅，您能重述一下您的问题吗？”

（5）客户投诉客服人员工作差错。客服人员：“对不起，给您添麻烦了，我会将您反映的问题如实上报主管，并尽快核实处理，给您带来的不便，请您原谅！”并记录下客户姓氏、联系方式及复述投诉内容。

（6）客户批评客服人员。客户：“你们的服务怎么回事，搞得我这么长时间不能使用，我花了钱了！”客服人员：“某先生/小姐您好，给您带来的不便向您深表歉意，您的问题我会尽快向相关部门反馈，有结果会马上通知您，给您带来的不便再次向您表示歉意!”

（7）客户要求我司领导亲自为其解决问题时。客服人员：“您的问题属于我的职责范围内，请您放心，我会按公司的规定处理，尽我的能力为您解决，请您放心交给我为您处理好吗？”

（8）需升级投诉处理时。客服人员：“您的问题我已记录好，会提交给相关人员处理，并在三个工作日内回复您”。

2.3.2.5 结束语

“谢谢您的配合，也非常感谢您的支持。我们会继续努力，不断改善，为您提供更优质的服务，祝您生活愉快！”遇到节假日时，改为“祝您节日愉快”！

2.3.2.6 服务禁止用语

服务禁语、不规范服务用语包含蔑视语、烦躁语、否定语、斗气语。当客户对使用在线服务表示有意见时，服务人员要认真听取，属于自己的过失要马上改正；属于他人或其他部门的，应记下并转给相关部门处理。

1.服务禁语

（1）你去投诉啊，随便投诉哪都行。

（2）您找领导去。

（3）要投诉，你去吧，我还怕你？

（4）我就这态度，你又能怎样？

（5）你问我，我问谁？

（6）我又不是×××，我怎么知道。

（7）不会用就别用。

（8）这么简单都不知道。

（9）公司是绝对不会出错的。

（10）不知道，不清楚，不关××的事。

2.不规范服务用语

（1）你快点讲。

（2）不是我受理的，我不清楚。

（3）这不是我的错，我帮不了。

（4）我也没有办法啊！

（5）不行就是不行。

（6）不知道、不行、不可以、不能。

（7）刚才不是跟你说了，怎么还不清楚？

（8）我讲了那么半天，你怎么还不明白？

（9）你到底明不明白我在说什么？

（10）要我说多少遍，你才明白啊？

（11）你有没有搞懂我的意思？

（12）难道你还不清楚？

（13）我刚才已经讲过了，你没有听明白吗？

（14）也许是吧、应该是吧、有可能是这类不明确的用语。

（15）口头禅：不会啦、你知道……、你明白我的意思……、我是说……、老实说……，还有就是说……。

3

业务受理服务标准

3.1 业务受理标准

3.1.1 营业业务基础知识

营业业务是对电力营销工作中涉及的各类业务的一个统称，是部门扩大再生产、不断满足国民经济发展和人民生活用电需求的重要工作。根据业务受理类型分，主要分为业扩报装、变更用电及新型业务三大类。

3.1.1.1 业务分类

业扩报装是指供电部门从受理客户用电申请到装表接电全过程业务的总称。新装、增容业务包括低压居民新装（增容）、低压非居民新装（增容）、高压新装（增容）、低压批量新装、临时用电新装、无表临时用电新装等。

变更用电指客户在不增加用电容量和供电回路的情况下，由于自身经营、生产、建设、生活等发生变化，而向供电企业申请要求改变原《供用电合同》中约定的用电事宜的业务。变更用电包括改类、减容（减容恢复）、移表、暂拆（复装）、过户、更名、销户、改压、一户多人口、峰谷电变更等。

新型业务主要包含代理购电、分布式光伏新装、充换电设施新装及用户侧储能系统并网服务等。

3.1.1.2 名词解释

（1）居民新装：为供电电压为220/380V的低压客户办理报装。如住宅小区按一户一表形式建成后，新增或遗漏住户、宅基地住户等的新装情况。

（2）非居民新装：为供电电压为220/380V的低压企业客户或10/20kV及以上的高压企业客户办理报装。如低压店铺客户、高压工厂用电等的新装情况。

（3）临时用电新装：为低压非居民（个人名义）、低压企业、高压企业提供临时装表接电，最长临时用电期限为3年。

（4）增容：客户增加用电设备后，用电功率增加，导致原有报装容量不符合要求时的增容申请。符合条件的居民、高/低压企业用户均可申请。

（5）改类：改变电价类别、用电类别等计价计费信息。

（6）减容：停止部分或全部受电设施用电容量。

（7）减容恢复：指客户在减容期间申请恢复容量用电的一种变更用电业务。

（8）暂换：临时更换其他容量变压器。

（9）移表：移动电能计量装置安装位置。

（10）暂拆/复装：修缮房屋原因暂停用电拆表/恢复。

（11）更名：变更用户名称。

（12）过户：用电地址物权变化引起用电人变更。

（13）过户—新户通电：指已装表未通电的新建小区用户，申请实名制接电的业务。

（14）销户：终止供用电关系。

（15）改压：改变供电电压等级。

（16）一户多人口：同一住址共同居住生活的居民人口数达到一定标准后，可享受一定的优惠政策。

（17）居民峰谷电：指将用户每天的用电时段（24h）划分成两个时间段，峰时段为8：00—22：00，峰电价是在各档电价基础上每千瓦时加价0.03元；谷时段为22：00—次日8：00，谷电价是在各档电价的基础上每千瓦时降低0.25元。

（18）峰谷电变更：指居民客户根据自身用电习惯、实际用电需求等对峰谷分时电价进行开通或取消变更的业务。

（19）电能表校验：指用户对有疑问的电能表、互感器等计量设备向供电企业提出校验申请的业务。

（20）分布式光伏新装：指客户利用建筑屋顶及附属场地建设分布式光伏发电项目，以相应的电压等级接入电网的光伏电源新装业务。

（21）个人充电桩接电：适用于电压等级为220/380V低压用户充电桩的装表接电申请。

（22）增值税变更：指根据客户提供的增值税资料，对于需要开具增值税发票的用电客户进行增值税信息增改等维护的业务。

（23）电价策略变更：指依据《国家发展改革委关于第三监管周期省级电网输配电价及有关事项的通知》（发改价格〔2023〕526号），执行工商业（或大工业、一般工商业）用电价格的用户，根据用电容量大小对电价策略进行变更的业务。

（24）代理购电：对暂未直接从电力市场购电的工商业用户，由电网企业以代理方式从电力市场进行购电。

（25）用户侧储能系统并网服务：指建设在用户内部场地外或相邻位置，直接接入用户内部配电设施的电化学储能项目，以相应电压等级接入电网的业务。

3.1.1.3 常用办理材料示例

在业务受理过程中，需要客户提供相关材料和证件。常用证件示例如下：

（1）营业执照示例如图3–1所示。

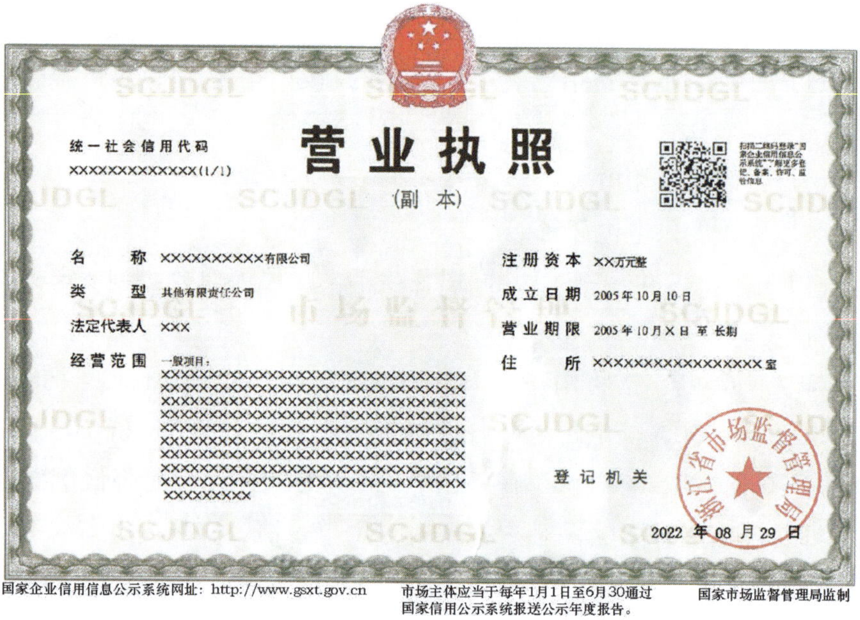
统一社会信用代码

XXXXXXXXXXXXX(1/1)

营业执照

（副本）

扫描二维码登录"国家企业信用信息公示系统"了解更多登记、备案、许可、监管信息。

名　　称　XXXXXXXXXX有限公司

类　　型　其他有限责任公司

法定代表人　XXX

经营范围　一般项目：XXXXXXXXXXXXXXXXXXXXXXXXXXXXXX…

注册资本　XX万元整

成立日期　2005年10月10日

营业期限　2005年10月X日至长期

住　　所　XXXXXXXXXXXXXXXXX室

登记机关

浙江省市场监督管理局

2022年08月29日

国家企业信用信息公示系统网址：http://www.gsxt.gov.cn

市场主体应当于每年1月1日至6月30日通过国家信用公示系统报送公示年度报告。

国家市场监督管理局监制

图3–1　营业执照示例

（2）房屋所有权证示例如图3–2所示。

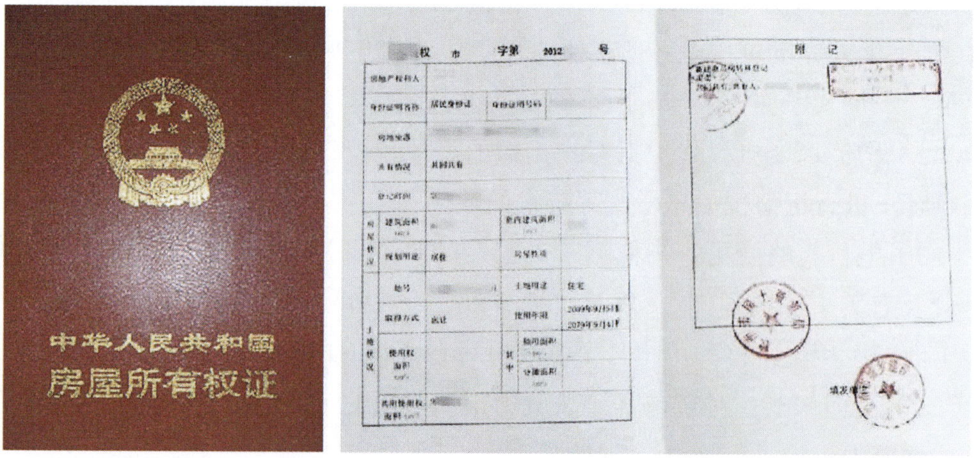

图3–2　房屋所有权证示例

（3）承装（修、试）电力设施许可证示例如图3–3所示。

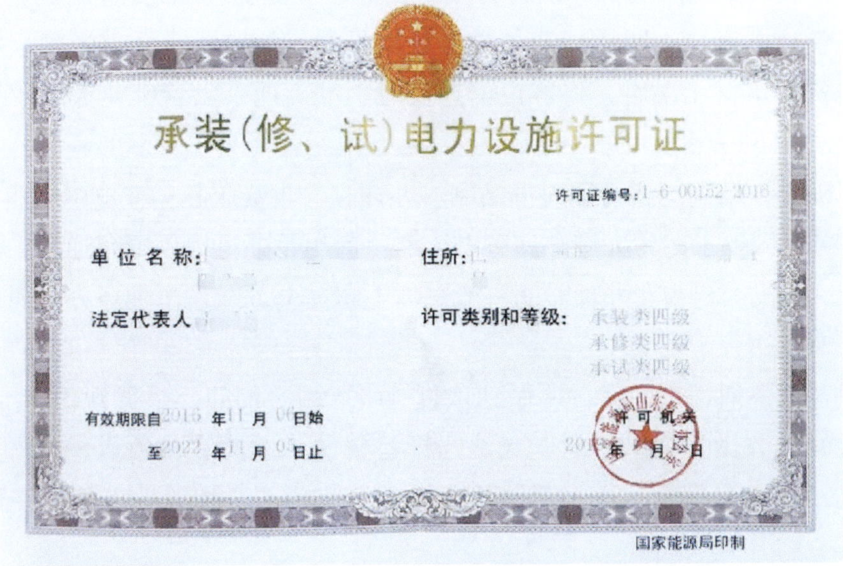

图 3-3　承装（修、试）电力设施许可证示例

（4）工程设计资质证书示例如图3-4所示。

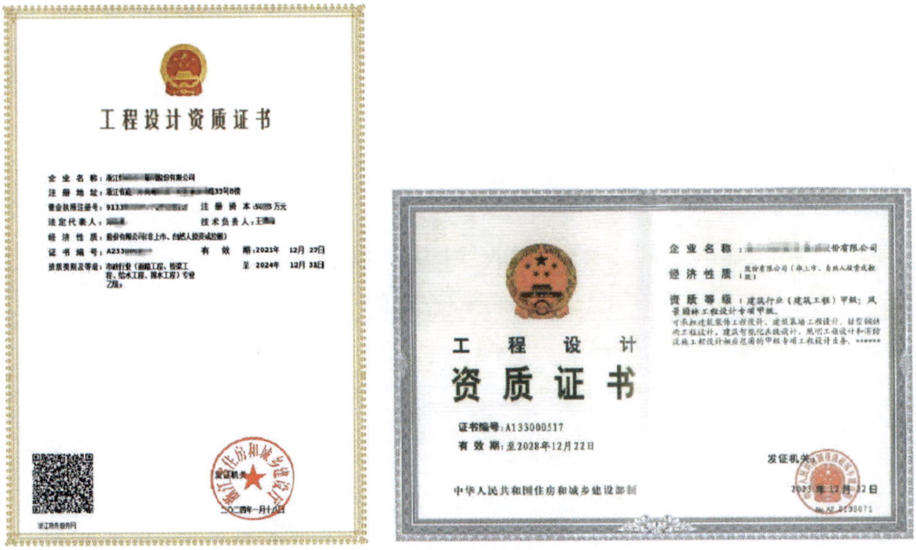

图 3-4　工程设计资质证书示例

3.1.1.4 业务办理原则

（1）首问负责制。实行首问负责制。无论办理业务是否对口，接待人员都要认真倾听、热心引导和快速衔接，并为客户提供准确的联系人、联系电话和地址。

（2）一次告知制。实行一次性告知，做好“一证受理”。受理用电业务时，应主动、完整地向客户说明该项业务需客户提供的相关资料、办理流程、收费项目和标准，资料审核无误后，将客户信息及时、准确地录入营销业务应用系统，并将工单发送至下一环节。

（3）限时办结制。实行限时办结制。办理客户收费业务、客户用电业务的时间应符合服务时限要求，为大客户业务办理、重大项目办电提供绿色通道，减少客户等候时长。居民客户收费办理时间一般每件不超过5min，用电业务办理时间一般每件不超过20min。

受理客户咨询、查询时，要做到认真倾听、耐心询问，根据知识库准确答复、一次性告知，并做好记录。对于无法当即答复的，应向客户致歉，告知5个工作日内答复，并将客户诉求录入营销业务应用系统转派至相关处理部门，做好闭环管控。

3.1.1.5 通用服务流程

根据渠道的不同，服务流程主要分为线下和线上两种方式。线下渠道主要为营业网点[供电营业厅、政务（便民）服务中心]，线上渠道包含供电营业厅电话、网格服务电话及“快响”业务等。相关服务流程如下：

（1）线下渠道。线下营业网点[供电营业厅、政务（便民）服务中心]的营业厅服务流程图如图3-5所示。

（2）线上渠道。

1）供电营业厅电话。线上供电营业厅服务流程图如图3-6所示。

2）网格服务电话。线上网格电话服务流程图如图3-7所示。

3）“快响”业务。线上“快响”服务流程图如图3-8所示。

3.1.2 业扩报装

3.1.2.1 低压居民新装（增容）

3.1.2.1.1 业务说明

本业务是面向供电电压为220V/380V的低压居民（住宅用电）客户办理用电报装，申请用电容量按照建筑面积或者实际用电负荷核定，申请总容量一般不超过160kVA。

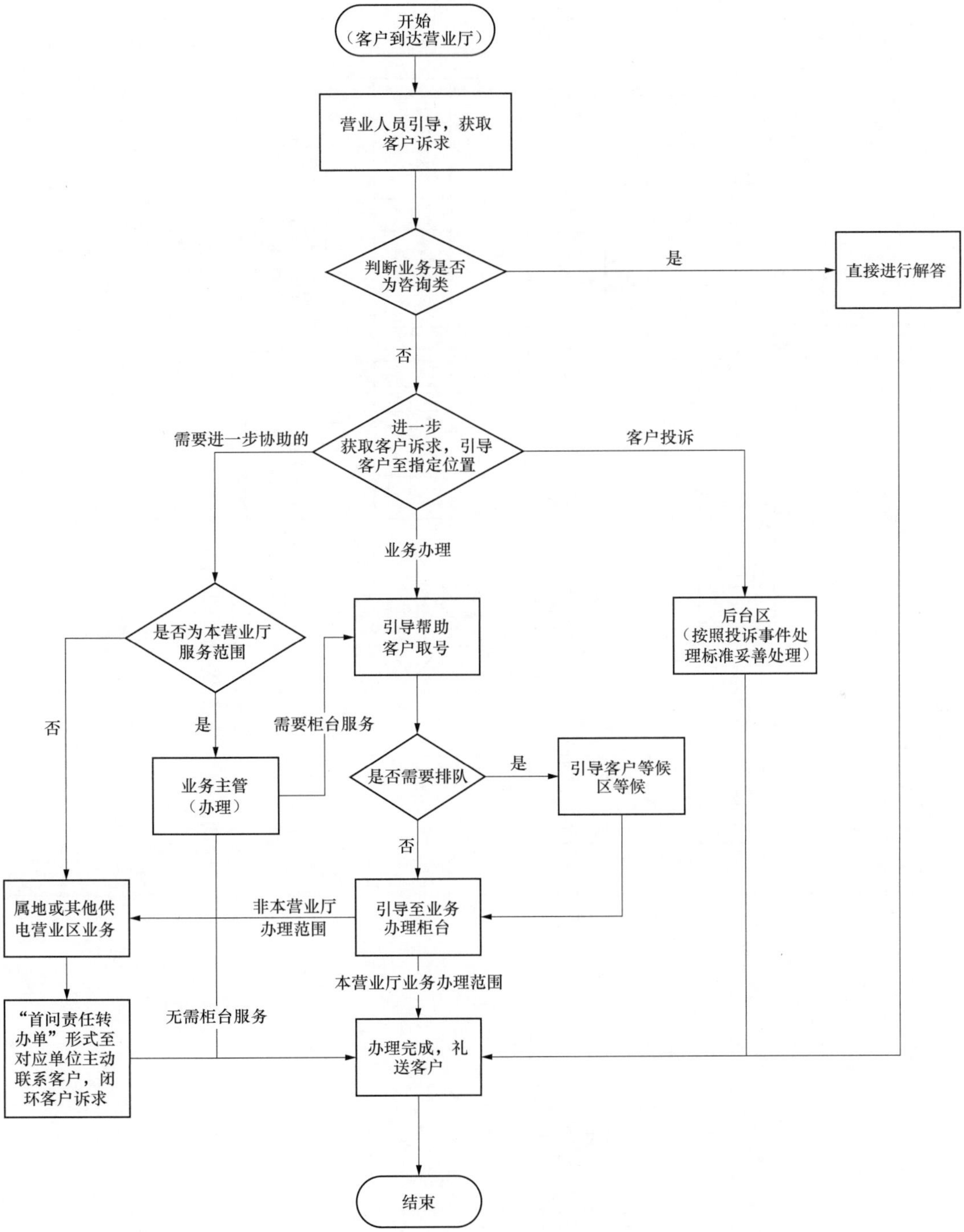

图 3-5　线下营业厅服务流程图

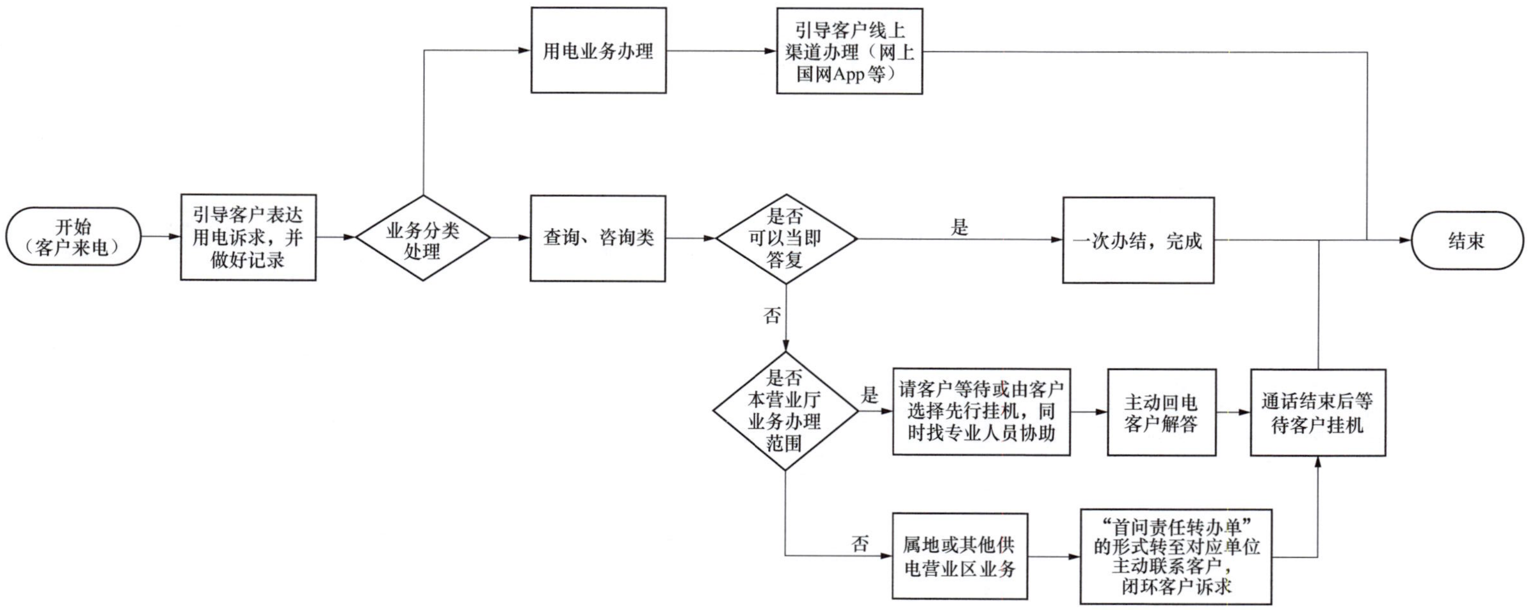

图 3-6　线上供电营业厅服务流程图

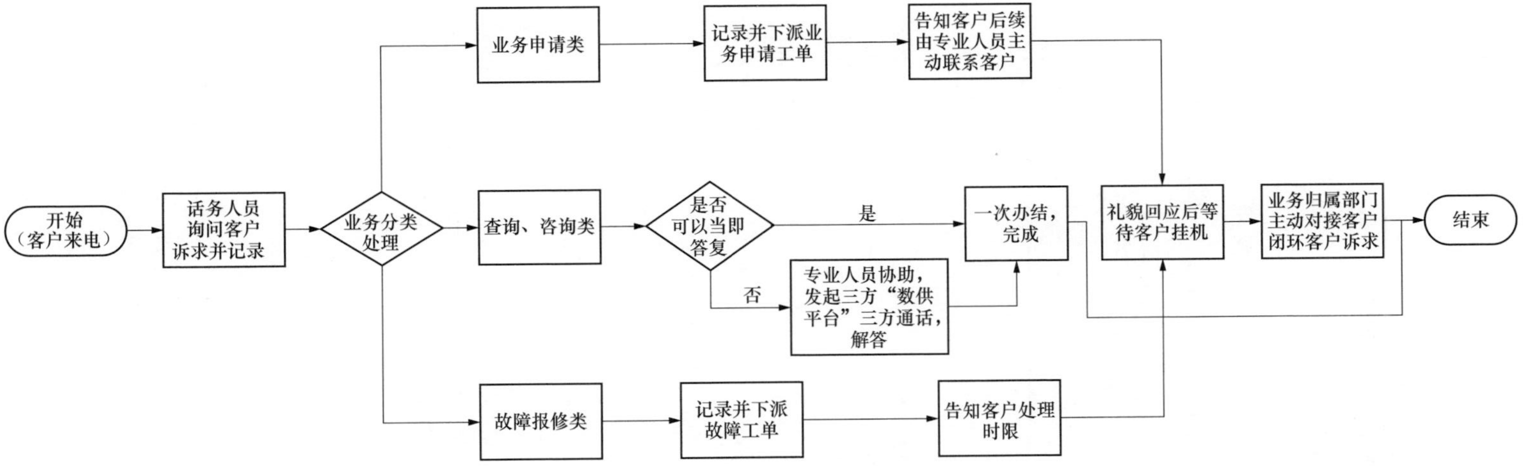

图 3-7　线上网格电话服务流程图

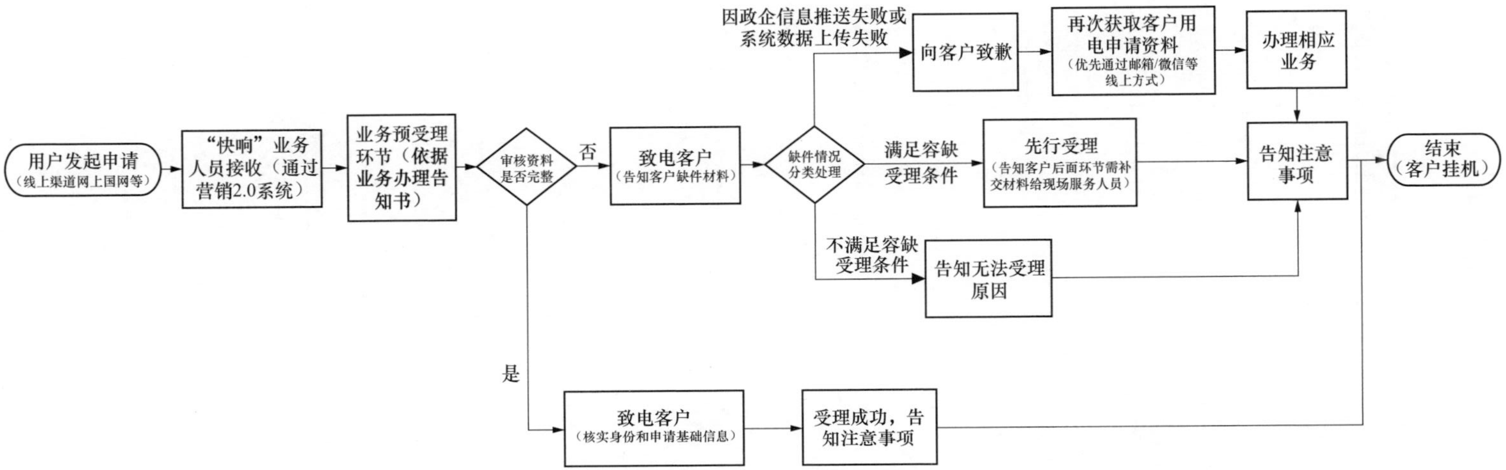

图 3-8　线上“快响”服务流程图

3.1.2.1.2 受理流程

受理流程图如图3–9所示。

图 3–9　受理流程图

（1）受理签约：按照客户申请所需资料清单（见表3–1）要求提供申请资料。申请资料不齐“容缺受理”的，需签署缺件承诺书，并在承诺环节前提供所缺资料。与用户签订《居民供用电合同》及相关协议。

表 3–1　客户申请所需资料清单

业务环节	资料名称	资料说明	备注
申请受理	用电人有效身份证明材料	户主本人办理时，以下材料提供其一： ①居民身份证原件或临时身份证原件； ②户口簿原件； ③军官证或士兵证原件； ④台胞证原件； ⑤港澳通行证原件； ⑥外国护照原件； ⑦外国永久居留证（绿卡）原件； ⑧其他有效身份证明文书原件等	以自然人名义办理时必备
		法人代表办理时，提供以下材料： ①法人代表身份证原件； ②统一社会信用代码证（副本）原件； 如无法提供原件的，提供复印件时，企事业单位应加盖公章	以非自然人名义办理时必备
		经办人办理时，还需提供以下材料： ①经办人有效身份证明原件（包括身份证、军人证、护照、户口簿、公安机关户籍证明等）； ②授权委托书原件，非自然人办理时，提供法人的授权委托书（企事业单位应加盖公章）；自然人办理时，且户主有效身份证明材料为复印件的，应提供户主的授权委托书	委托代理人办理用电业务时必备

续表

业务环节	资料名称	资料说明	备注
申请受理	用电地址物权证明材料	以下材料提供其一： ①房屋所有权证（不动产权证书）原件、国有土地使用证原件、乡村建设规划许可证原件或购房合同原件、购房发票原件； ②含有明确房屋所有权判词且发生法律效力的法院法律文书（判决书、裁定书、调解书、执行书等）； ③若属农村用房等无房屋所有权证（不动产权证书）、国有土地使用证和乡村建设规划许可证的，须由所在镇（街道、乡）及以上政府或房管、城建、国土管理部门根据所辖权限开具房屋所有权合法证明，如无法提供原件，提供复印件时，企事业单位应加盖公章	对于暂时无法提供用电地址物权证明的，客户签署《缺件办理承诺书》后实行一证受理

注 1. 如无特殊说明，“客户申请所需资料”均指资料原件。
2. 低压居民用电必须以房屋所有权人名义办理业扩报装，不得以租赁户名义办理。
3. 原用电范围内的增容业务，客户前期已提供、且在有效期以内的资料无须再次提供。
4. 与政府部门通过数据共享可获取的材料，免于提供。
5. 如用户提供的申请资料经审核不符合相关要求，或者未按照《缺件办理承诺书》补齐申请资料，供电公司将终止该用电申请。

（2）装表接电：在5个工作日内装表接电。用户应当按照国家有关规定，自行购置、安装合格的漏电保护器，确保用电安全。

3.1.2.1.3 受理要点

要点：用电地址物权证明材料判定。

房屋产权证是最常见的用电地址物权证明材料，实际工作中，也会碰到没有房产证的用户，受理人员应熟练掌握用电地址物权证明材料的各种类型，如遇以下情况，应准确应答，灵活应对。

（1）用户提供房产证上房屋产权所有人不止1人（如夫妻共同所有），应将房产证上的多个产权所有人一同登记为用电户名，共有人单独约定的除外。

（2）用户提供房产证，但房主已在公安机关登记注销，如儿子表示其已继承父亲的房屋，申请时需提供父亲的房产证，要求工作人员将户名登记为儿子本人，工作人员应委婉拒绝，根据业务办理告知书引导客户提供明确房屋所有权判词且发生法律效力的法院法律文书（判决书、裁定书、调解书、执行书等），不得草率按照申请人所述受理登记。

（3）用户表示其为无房产证的自建房屋，也没有国有土地使用证和乡村建设规划许可证，提供了村委会的用电地址权属证明，要求工作人员受理其用电申请。此时，工作人员应委婉拒绝，向客户明确若属农村用房等无房屋所有权证（不动产权证书）、国有土地使用证和乡村建设规划许可证的，须由所在镇（街道、乡）及以上政府或房管、城建、国土管理部门根据所辖权限开具房屋所有权合法证明（注意：一定要核对证明中是否明确此房屋的所有权合法）。

（4）用户表示其为无房产证的自建房屋，也没有国有土地使用证和乡村建设规划许可证，原用电地址处已有居民电能表，但其与父母分家，房屋一半一半使用，想要再申请安装一块电能表。此时，工作人员应依据"一户一表"原则委婉拒绝，如用户强烈要求装表，可根据业务办理告知书答复须由所在镇（街道、乡）及以上政府或房管、城建、国土管理部门根据所辖权限开具原房屋所有权分割归属的合法证明（注意：一定要核对证明中是否明确此房屋的所有权合法）。

（5）租赁户申请居民用电新装，提出为了方便电费发票开具，希望以租赁方名字立户。此时，工作人员应委婉拒绝，根据业务办理告知书，"低压居民用电必须以房屋所有权人名义办理业扩报装，不得以租赁户名义办理"。

3.1.2.1.4 注意事项

（1）客户现场咨询或办理时，应同步给客户提供业务办理告知书，告知清晰办理流程、收资标准及流程时限，低压居民新装增容从受理至装表接电5个工作日内完成。

（2）根据国家有关规定，产权分界点是供用电双方运行维护管理及安全责任范围的分界点。计费电能表的出线端处为双方产权分界点，产权分界点及以上（电源侧）的线路等配电设施和计量装置（含表箱）由供电方出资、安装并归其所有；产权分界点以下（用户侧）的线路及防触、漏电的剩余电流动作保护器（俗称漏电保护器）等用电设施由用电方出资、安装并归其所有。

（3）低压居民新装增容执行"容缺受理"，对于暂时无法提供用电地址权属证明的，客户签署《缺件办理承诺书》后实行一证受理。

3.1.2.2 低压非居民新装（增容）

3.1.2.2.1 业务说明

本业务是指对报装容量在160kW及以下的非居民用户采用低压方式供电并全面推行低压"三零"（零上门、零审批、零投资）服务。

3.1.2.2.2 受理流程

受理流程图如图3-10所示。

图 3-10 受理流程图

（1）申请受理：按照客户申请所需资料清单（见表3-2）要求提供申请资料。申请资料不齐“容缺受理”的，需签署缺件承诺书，并在承诺环节前提供所缺资料。

表 3-2 客户申请所需资料清单

业务环节	资料名称	资料说明	备注
申请受理	用电人有效身份证明材料	户主本人办理时，以下材料提供其一： ①居民身份证原件或临时身份证原件； ②户口簿原件； ③军官证或士兵证原件； ④台胞证原件； ⑤港澳通行证原件； ⑥外国护照原件； ⑦外国永久居留证（绿卡）原件； ⑧其他有效身份证明文书原件等	以自然人名义办理时必备
		法人代表办理时，提供以下材料： ①法人代表身份证； ②统一社会信用代码证（副本）原件或宗教活动场所登记证原件； 如无法提供原件，提供复印件时，企事业单位应加盖公章	以非自然人名义办理时必备
		经办人办理时，还需提供： ①经办人有效身份证明原件（包括身份证、军人证、护照、户口簿或公安机关户籍证明等）； ②授权委托书原件，非自然人办理时，提供法人的授权委托书（企事业单位应加盖公章）；自然人办理，且户主有效身份证明材料为复印件的，应提供户主的授权委托书	委托代理人办理用电业务时必备
	用电地址物权证明材料	以下材料提供其一： ①房屋所有权证（不动产权证书）原件、国有土地使用证原件、乡村建设规划许可证原件或购房合同原件或购房发票原件，或由所在镇（街道、乡）及以上政府或房管、城建、国土管理部门根据所辖权限开具房屋所有权合法证明； ②租赁协议原件［还需同时提供出租户的房屋所有权证（不动产权证书）复印件、国有土地使用证复印件或乡村建设规划许可证复印件］； ③含有明确房屋所有权判词且发生法律效力的法院法律文书（判决书、裁定书、调解书、执行书等）。 如无法提供原件，提供复印件时，企事业单位应加盖公章	对于暂时无法提供用电地址物权证明的，客户签署《缺件办理承诺书》后实行一证受理

续表

业务环节	资料名称	资料说明	备注
申请受理	其他需提供信息	开户行名称、银行账号等信息	开具增值税发票的提供
装表接电	消防验收合格意见	消防验收合格意见或住建（市县住房和城乡建设局）牵头组织的联合验收证明	电动自行车报装

注 1. 如无特殊说明，“客户申请所需资料”均指资料原件。
2. 原用电范围内的增容业务，客户前期已提供、且在有效期以内的资料无须再次提供。
3. 与政府部门通过数据共享可获取的材料，免于提供。
4. 如您提供的申请资料经审核不符合相关要求，或者未按照《缺件办理承诺书》补齐申请资料，供电公司将终止该用电申请。

（2）装表接电：业务受理后，供电公司将在10天内装表接电。电动自行车报装在装表接电前，请提供消防验收合格意见。

3.1.2.2.3 受理要点

要点1：用电地址权属证明的材料判定。

房屋产权证是最常见的用电地址权属证明材料，实际工作中，也会碰到没有房产证的用户，受理人员应熟练掌握可替代房产证的用电地址权属证明，如遇以下情况，应准确应答，灵活应对。

（1）用户表示其为无房产证的自建房屋，也没有国有土地使用证和乡村建设规划许可证，提供了村委会的用电地址权属证明，要求工作人员受理其用电申请。此时，工作人员应委婉拒绝，向客户明确若属农村用房等无房屋所有权证（不动产权证书）、国有土地使用证和乡村建设规划许可证的，须由所在镇（街道、乡）及以上政府或房管、城建、国土管理部门根据所辖权限开具房屋所有权合法证明。

（2）对于交通信号灯、基站、监控、泵站等确无独立产权的公用基础设施，由用户出具书面情况说明后，不再收取用电地址权属证明，经供电企业现场确认具备独立供电条件，允许单独立户。

要点2：电价电费及业务费的咨询应答。

（1）对供电质量有特殊要求的用户：对申请新装及增加用电容量的两路及以上多回路供电（含备用电源、保安电源）用电户，除供电容量最大的供电回路外，对其余供电回路按文件规定收取高可靠性供电费用。对于符合《浙江省高新技术产业投资引导目录（2016—2020）》规定的高新技术投资项目，由用户在报装时提供经省科技厅确认的相关材料，经核实无误后，高可靠性供电费按照标准的70%缴纳；对于报装时暂未获得省科技厅确认的，高可靠性供电费用按照标准的全额缴纳，后续若省科技厅发文确认为高新技术投资项目的，可向供电企业提出申请，经核实无误后，按文件要求退还30%。

（2）对工商业用户：应主动告知用户，工商业用户可自由选择是否进入电力市场，向发电企业或售电公司购电。向发电企业购电的用户可通过电力交易平台（http：//zjpx.com.cn）进行市场注册。由供电公司代理购电的工商业用户，可在每季度最后15日前选择下一季度起直接参与市场交易。运行容量在100~315kVA执行工商业电价的用户，可选择执行单一制或两部制电价，选定后应在12个月之内保持不变，如需变更应提前15天申请办理，次月生效。不满1kV两部制工商业用户按1~10（20）kV两部制工商业用户输配电价标准执行。

3.1.2.2.4 注意事项

（1）客户现场咨询或办理时，应同步给客户提供业务办理告知书，告知清晰办理流程、收资标准及流程时限，低压非居民新装增容从受理至装表接电10天内完成。电动自行车报装在装表接电前，须提供消防验收合格意见。

（2）根据国家有关规定，产权分界点是供用电双方运行维护管理及安全责任范围的分界点。计费电能表的出线端处为双方产权分界点，产权分界点及以上（电源侧）的线路等配电设施和计量装置（含表箱）由供电方出资、安装并归其所有；产权分界点以下（用户侧）的用电设施由用电方出资、安装并归其所有。

（3）小微园区内企业如对低压接入容量有提升要求，受理人员应及时咨询客户经理，以客户经理答复接入容量标准为主，不得自行决定。

（4）低压非居新装增容执行“容缺受理”，对于暂时无法提供用电地址权属证明的，客户签署《缺件办理承诺书》后，实行一证受理。

3.1.2.3 低压批量新装

3.1.2.3.1 业务说明

本业务是面向房地产开发商、居民联建客户对于新建住宅小区实行的批量装表业务。即在小区交付前，由房地产开发商或居民联建客户统一开户办理用电申请手续，供电公司负责集中完成装表，在验收合格后，对小区低压客户所有电能表实施停电。待购房者办理过户申请手续后，供电公司在规定时间内恢复供电。

3.1.2.3.2 受理流程

受理流程图如图3–11所示。

图 3-11　受理流程图

（1）申请受理：按照客户申请所需资料清单（见表3-3）提供申请资料。

表 3-3　客户申请所需资料清单

业务环节	资料名称	资料说明	备注
业务受理	用电人有效身份证明材料	批量开户用户有效身份证明材料复印件，以下材料提供其一： ①居民身份证或临时身份证； ②户口簿； ③军官证或士兵证； ④台胞证； ⑤港澳通行证； ⑥外国护照； ⑦外国永久居留证（绿卡）； ⑧其他有效身份证明文书等	以自然人名义办理时必备
		法人代表办理时，提供以下材料： ①法人代表身份证原件； ②统一社会信用代码证（副本）原件。 如无法提供原件，提供复印件时，企事业单位应加盖公章	以开发商名义办理时必备
		经办人办理时，还需提供： ①经办人有效身份证明原件（包括身份证、军人证、护照、户口簿或公安机关户籍证明等）； ②授权委托书原件。住宅小区的，应提供开发商的授权委托书；居民联建的，应提供集体委托书原件	委托代理人办理用电业务时必备
	用电地址物权证明材料	以下材料提供其一： ①批量开户房屋所有权证（不动产权证）、国有土地使用证、乡村建设规划许可证或购房合同、购房发票复印件； ②法院判决文书复印件（必须明确房屋所有权或土地使用所有人并加盖公章）等； 如无法提供原件，提供复印件时，企事业单位应加盖公章。 ③私人自建房：提供用电地址产权权属证明资料； ④基建施工项目：土地开发证明、规划开发证明或用地批准等	
	其他需提供信息	低压批量用户清单	
		小区配套工程验收合格证明	居民联建客户无须提供

（2）竣工检验：在受理用户用电申请后，供电公司将按约定时间至现场查勘供电条件，核对表箱与户表位置、户表位置与房号之间的对应关系，检查小区移动信号状况等情况。

（3）装表接电：竣工检验合格后，将根据与用户的协商约定时间完成表计批量安装，特殊情况涉及外部配套电网工程施工的，将尽快组织实施，在工程施工完成当天装表接电。

3.1.2.3.3 受理要点

要点：低压批量新装办理前需与供电所客户（网格）经理联系确认。

低压批量新装是相对复杂需要供电公司与用户高度联动的一项业务，应由对应小区或联建项目的客户（网格）经理主导负责，受理人员应根据客户（网格）经理事先与用户协商一致的结果，辅助做好批量新装业务受理工作。因此，受理人员在遇到用户申请批量新装业务时，应首先了解客户用电地址、小区项目验收、计划交付等信息，并及时联系属地供电公司客户（网格）经理告知用户申请事项，核实信息无误后，在客户（网格）经理与用户协商一致的情况下受理用户的批量新装申请。业务办理资料应齐备并及时录入营销系统。

3.1.2.3.4 注意事项

（1）客户现场咨询或办理时，应同步给客户提供业务办理告知书。并请客户在房产销售过程中及时向业主宣传、告知“集中装表、实名通电”的模式，告知业主可在低压批量新装完成后，到供电营业窗口或在“网上国网”App办理实名通电手续。

（2）根据国家有关规定，产权分界点是供用电双方运行维护管理及安全责任范围的分界点。计费电能表的出线端处为双方产权分界点，产权分界点及以上（电源侧）的线路等配电设施和计量装置（含表箱）由供电方出资、安装并归其所有；产权分界点以下（用户侧）的用电设施由用电方出资、安装并归其所有。

（3）低压批量新装需客户提供完整受理资料后，方可进行受理。

3.1.2.4 低压装表临时用电新装、增容

3.1.2.4.1 业务说明

本业务是指对基建工地、农田水利、市政建设等非永久性用电，可以供给临时电源。

3.1.2.4.2 受理流程

受理流程图如图3-12所示。

图 3-12　受理流程图

（1）申请受理：按照客户申请所需资料清单（见表3-4）要求提供申请资料。申请资料不齐，“容缺受理”的，需签署《缺件办理承诺书》，并在承诺环节前提供所缺资料。

表 3-4　客户申请所需资料清单

业务环节	资料名称	资料说明	备注
申请受理	用电人有效身份证明材料	户主本人办理时以下材料提供其一： ①居民身份证原件或临时身份证原件； ②户口簿原件； ③军官证或士兵证原件； ④台胞证原件； ⑤港澳通行证原件； ⑥外国护照原件； ⑦外国永久居留证（绿卡）原件； ⑧其他有效身份证明文书原件等	以自然人名义办理时必备
		法人代表办理时，提供以下材料： ①法人代表身份证原件； ②统一社会信用代码证（副本）原件或宗教活动场所登记证原件； 如无法提供原件，提供复印件时，企事业单位应加盖公章	以非自然人名义办理时必备
		经办人办理时，还需提供： ①经办人有效身份证明原件（包括身份证、军人证、护照、户口簿或公安机关户籍证明等）； ②授权委托书原件，非自然人办理时，提供法人的授权委托书（企事业单位应加盖公章）；自然人办理，且户主有效身份证明材料为复印件的，应提供户主的授权委托书	委托代理人办理用电业务时必备
	用电地址物权证明材料	以下材料提供其一： ①私人自建房：提供用电地址房屋所有权权属证明资料； ②基建施工项目：土地开发证明、规划开发证明或用地批准等； ③市政建设：工程中标通知书、施工合同或政府有关证明； ④农田水利：由所在镇（街道、乡）及以上政府或房管、城建、国土管理部门根据所辖权限开具房屋所有权合法证明； 如无法提供原件，提供复印件时，企事业单位应加盖公章	对于暂时无法提供用电地址物权证明的，客户签署《缺件办理承诺书》后，实行一证受理

续表

业务环节	资料名称	资料说明	备注
申请受理	其他需提供信息	开户行名称、银行账号等信息	开具增值税发票提供

注 1.如无特殊说明，“客户申请所需资料”均指资料原件。

2.原用电范围内的增容业务，客户前期已提供、且在有效期以内的资料无须再次提供。

3.与政府部门通过数据共享可获取的材料，免于提供。

4.如您提供的申请资料经审核不符合相关要求，或者未按照《缺件办理承诺书》补齐申请资料，供电公司将终止该用电申请。

（2）方案答复：在受理用户用电申请后，供电公司将按约定时间至现场查勘供电条件，在受理后3个工作日内答复供电方案。

供电方案有效期自客户签收之日起3个月内有效，用户应当在有效期内依据供电方案开工建设受电工程，逾期不开工的，供电方案失效。如用户有特殊情况，需延长供电方案有效期，应当在有效期到期前10日（含到期日）向供电公司提出申请，供电公司将视情况为用户办理供电方案延期手续。

（3）工程实施：根据国家有关规定，产权分界点是供用电双方运行维护管理及安全责任范围的分界点。产权分界点及以上（电源侧）的线路等配电设施和计量装置（含表箱）由供电方出资、安装并归其所有；产权分界点以下（用户侧）的用电设施由用电方出资、安装并归其所有。产权分界点由供电方和用电方在《供用电合同》中约定。

（4）竣工检验装表接电：在受电工程检验合格，结清营业费用，并完成《供用电合同》（由供电公司代理购电的工商业用户还需签订《购售电合同》）及相关协议签订后，供电公司将在2个工作日内为用户装表接电。

3.1.2.4.3 受理要点

要点1：用电地址权属证明的材料判定。

临时用电新装用户多数无法提供房屋产权证，其提供的用电地址权属证明材料类型较杂，受理人员应熟练按照《业务办理告知书》进行甄别判断，如遇业务办理告知书范围之外的用户提交资料，应及时上报班组管理人员判断核查，切勿自行随意决定。

要点2：低压装表临时用电出资界面。

产权分界点及以上（电源侧）的线路等配电设施和计量装置（含表箱）由供电方出资、安装并归其所有；产权分界点以下（用户侧）的用电设施由用电方出资、安装并归其所有，产权分界点由供电方和用电方在《供用电合同》中约定。客户应自行寻找和委托有资质的设计、施工和设备材料供应单位。相关信息可登录“网上国网”App、全国建筑市场监管公共服务平台（http//jzsc.mohurd.gov.cn/home）查询。

3.1.2.4.4 注意事项

（1）客户现场咨询或办理时，应同步给客户提供业务办理告知书，告知清晰办理流程、收资标准及流程时限，低压临时新装业务受理后3个工作日内答复供电方案。在受电工程检验合格，结清营业费用，并完成《供用电合同》（由供电公司代理购电的工商业用户还需签订《购售电合同》）及相关协议签订后，在2个工作日内为客户装表接电。

（2）低压装表临时用电执行“容缺受理”，对于暂时无法提供用电地址权属证明的，客户签署《缺件办理承诺书》后实行一证受理。

3.1.2.5 高压新装增容、高压装表临时用电新装增容

3.1.2.5.1 业务说明

本业务是为10（20）kV及以上的高压客户办理用电报装。公司对报装容量在160kW以上的用户采用高压方式供电并全面推行高压“三省”（省力、省时、省钱）服务。

2.1.2.5.2 受理流程

受理流程图如图3-13所示。

图 3-13　受理流程图

（1）申请受理：按照客户申请所需资料清单（见表3-5）要求提供申请资料。申请资料不齐“容缺受理”的，需签署《缺件办理承诺书》，并在承诺环节前提供所缺资料。业务受理后，供电公司工作人员将与用户预约现场服务时间，请用户做好相关准备工作。

表 3-5 客户申请所需资料清单

业务环节	资料名称	资料说明	备注
申请受理	用电人有效身份证明材料	户主本人办理时，以下材料提供其一： ①居民身份证原件或临时身份证原件； ②户口簿原件； ③军官证或士兵证原件； ④台胞证原件； ⑤港澳通行证原件； ⑥外国护照原件； ⑦外国永久居留证（绿卡）原件； ⑧其他有效身份证明文书原件等	以自然人名义办理时必备
		法人代表办理时，提供以下材料： ①法人代表身份证原件； ②统一社会信用代码证（副本）原件或宗教活动场所登记证原件； 如无法提供原件，提供复印件时，企事业单位应加盖公章	以非自然人名义办理时必备 已提供加载统一社会信用代码的营业执照的，不再要求提供组织机构代码和税务登记证明
		经办人办理时，还需提供： ①经办人有效身份证明原件（包括身份证、军人证、护照、户口簿或公安机关户籍证明等）； ②授权委托书原件。非自然人办理时，提供法人的授权委托书（企事业单位应加盖公章）；自然人办理，且户主有效身份证明材料为复印件的，应提供户主的授权委托书	委托代理人办理用电业务时必备
	用电地址物权证明材料	以下材料提供其一： ①房屋所有权证（不动产权证书）原件、国有土地使用证原件、乡村建设规划许可证原件或购房合同原件或购房发票原件，或由所在镇（街道、乡）及以上政府或房管、城建、国土管理部门根据所辖权限开具房屋所有权合法证明； ②租赁协议原件（还需同时提供出租户房屋所有权证（不动产权证书）复印件、国有土地使用证复印件或乡村建设规划许可证复印件）； ③含有明确房屋所有权证判词且发生法律效力的法院法律文书（判决书、裁定书、调解书、执行书等）； 如无法提供原件，提供复印件时，企事业单位应加盖公章	对于暂时无法提供用电地址物权证明的，客户签署《缺件办理承诺书》后，实行一证受理
		①私人自建房：提供用电地址房屋所有权权属证明资料； ②基建施工项目：土地开发证明、规划开发证明或用地批准等； ③市政建设：工程中标通知书、施工合同或政府有关证明； ④农田水利：由所在镇（街道、乡）及以上政府或房管、城建、国土管理部门根据所辖权限开具房屋所有权合法证明	申请临时用电左边所列四项之一

续表

业务环节	资料名称	资料说明	备注
申请受理	用电工程项目批准文件	①如无法提供原件，提供复印件时企事业单位应加盖公章； ②对于“两高”项目或其他特殊行业项目，政府主管部门对于报装收资另有规定的，按照相关规定执行	
	用电设备清单	提供主要用电设备名称、单台设备容量、设备数量、负荷等级等	
	其他需提供信息	开户行名称、银行账号等信息	开具增值税发票的提供
		重要电力用户等级申报表和重要负荷清单	重要电力用户需提供
		涉及国家优待电价的，应提供政府有权部门核发的意见	享受国家优待电价提供
竣工检验	竣工资料	①工程设计资质证书； ②装订成册的工程设计文件和说明	重要电力用户且有工程的，在设计文件审核环节提供，且需经供电企业审核后施工，其他客户在竣工报验时提供
		①施工、试验单位资质证明材料； ②隐蔽工程的施工及试验记录	重要电力用户，在中间检查环节提供；其他客户在竣工报验时提供
		①工程竣工图及说明； ②电气试验及保护整定调试记录； ③安全用具的试验报告； ⑤隐蔽工程的施工及试验记录； ④运行管理的有关规定和制度； ⑤值班人员名单及资格； ⑥供电企业认为必要的其他资料或记录	必备

注 “有权部门”指的是某些可执行特定优待电价的客户，由对应政府部门认定是否具备执行条件的（如执行居民合表电价的托育机构，由对应卫生健康部门认定）。

（2）方案答复：在受理用户用电申请后，供电公司将按约定时间至现场查勘供电条件，在受理后10个工作日内（双电源客户20个工作日）答复供电方案。用户对供电企业答复的供电方案有不同意见时，应当在一个月内提出意见，双方可以再行协商确定。

供电方案有效期自客户签收之日起一年内有效，用户应当在有效期内依据供电方案开工建设受电工程，逾期不开工的，供电方案失效。如用户有特殊情况，需延长供电方案有效期，应当在有效期到期前10日（含到期日）向供电公司提出申请，供电公司将视情况为用户办理供电方案延期手续。

（3）工程实施：根据国家有关规定，产权分界点是供用电双方运行维护管理及安全责任范围的分界点。产权分界点及以上（电源侧）的线路等配电设施由供电方或政府出资、安装；产权分界点以下（用户侧）的用电设施由用电方出资、安装并归其所有。产权分界点由供电方和用电方在《供用电合同》中约定。

1）请用户在收到供电方案后，自主选择有相应资质的设计单位，根据供电方案答复单开展内部受电工程设计。重要电力客户在设计完成后，请及时提供设计单位资质证明材料、受电工程设计及说明书，一式两份送交供电企业，供电企业将在3个工作日内出具书面审核意见。重要电力客户受电工程的设计文件，未经供电企业审核同意，用户不得据以施工。否则，供电企业可以不予检验和接电。对于其他客户不实行设计审查，请用户在竣工检验时提交设计单位资质证明材料、受电工程设计及说明书。

2）请用户自主选择有相应资质的施工单位开展受电工程施工。重要电力客户在电缆管沟（井）、暗敷管线、接地装置埋设等隐蔽工程覆盖前，请及时向供电公司提出中间检查申请，供电公司将在2个工作日内书面答复检查意见。对于其他客户不实行中间检查，请用户在竣工检验时提交隐蔽工程施工、试验单位资质证明材料、施工及试验记录。

3）用户的受电工程竣工并自验收合格后，请用户携带竣工资料到供电营业窗口或在“网上国网”App办理竣工报验申请，供电公司将在3个工作日内组织竣工检验。对竣工检验中发现的问题，请用户按客户受电工程竣工检验意见单及时整改，整改完成后，重新到供电营业窗口或在“网上国网”App办理复验手续，直至检验合格。

（4）装表接电：在受电工程检验合格，结清营业费用，并完成《供用电合同》（由供电公司代理购电的工商业用户还需签订《购售电合同》）及相关协议，供电公司将在3个工作日内为用户装表接电。

3.1.2.5.3 受理要点

要点1：申请收资的注意事项。

（1）高压新装增容、高压装表临时用电新装增容业务相对复杂，需要供电公司与用户高度联动，受理人员根据《业务办理告知书》做好用户业务申请受理工作。受理时，如遇到客户提交资料超出《业务办理告知书》范围，应及时上报班组管理人员进一步甄别判断。

（2）对于交通信号灯、基站、监控、泵站等确无独立产权的公用基础设施，由用户出具书面情况说明后，不再收取用电地址权属证明，经供电企业现场确认具备独立供电条件，允许单独立户。

（3）无项目批准文件的，由乡镇及以上政府出具说明。除“两高”（高污染、高耗能）或其他特殊行业的项目，用户可书面承诺项目合法合规的方式替代项目批准文件。原项目原地增容用电的，无须提供项目批复文件；原项目新增地扩建需提供项目批准文件。对于“两高”项目或其他特殊行业项目，政府主管部门对于报装收资另有规定的，按照相关规定执行。

要点2：电价电费及业务费的咨询应答。

（1）对供电质量有特殊要求的用户：对申请新装及增加用电容量的两路及以上多回路供电（含备用电源、保安电源）用电户，除供电容量最大的供电回路外，对其余供电回路按文件规定收取高可靠性供电费用。对于符合《浙江省高新技术产业投资引导目录（2016—2020）》规定的高新技术投资项目，由用户在报装时提供经浙江省科学技术厅（简称省科技厅）确认的相关材料，经核实无误后，高可靠性供电费按照标准的70%缴纳；对于报装时暂未获得省科技厅确认的，高可靠性供电费用按照标准的全额缴纳，后续若省科技厅发文确认为高新技术投资项目的，可向供电企业提出申请，经核实无误后按文件要求退还30%。

（2）对工商业用户：工商业用户可自由选择是否进入电力市场，向发电企业或售电公司购电。向发电企业购电的用户可通过电力交易平台（http：//zjpx.com.cn）进行市场注册。由供电公司代理购电的工商业用户，可在每季度最后15日前选择下一季度起直接参与市场交易。已直接参与市场交易在无正当理由情况下改由电网企业代理购电的用户，交易电价为电网企业代理购电交易价格的1.5倍。

（3）基本电费执行告知：运行容量在100~315kVA执行工商业电价的用户，可选择执行单一制或两部制电价，选定后应在12个月之内保持不变，如需变更应提前15天申请办理，次月生效。用电容量在315kVA及以上执行工商业电价的用户，执行两部制电价。存量执行单一制电价的一般工商业用户增容至315kVA及以上的，可选择执行单一制或两部制；增容至315kVA及以上的大工业用户，应执行两部制电价。运行容量在315kVA及以上存量执行单一制电价的用户，选择执行两部制电价后，不能重新选回单一制单价。考虑基建等临时用电的特殊性，新增的315kVA及以上的临时用电可选择单一制或两部制电价。工商业用户单一制、两部制电价执行范围，见表3–6。

表3–6 工商业用户单一制、两部制电价执行范围

分类			单一制	两部制
100kVA及以下			√	
100~315kVA之间			√	√
315kVA及以上正式用电	存量	大工业用电		√
		单一制一般工商业用电	√	√
		两部制一般工商业用电		√
	增量	大工业用电		√
		一般工商业用电		√
315kVA及以上临时用电	存量	单一制一般工商业用电	√	√
		两部制一般工商业用电		√
	增量	一般工商业用电	√	√

要点3：电力分担机制执行主动提醒事项。

对2021年3月1日后通过出让或划拨取得土地使用权的城镇规划建设用地范围内项目，建立政府、供电企业共同承担的电力接入工程费用分担机制，具体执行参照各地文件要求。如客户进一步问询，及时联系项目责任客户经理做进一步解答。

要点4：客户应自行委托设计、施工和设备材料供应单位。

客户应自行寻找和委托有资质的设计、施工和设备材料供应单位。相关信息可登录“网上国网”App、全国建筑市场监管公共服务平台（http：//jzsc.mohurd.gov.cn/home）查询。受理人员应主动提供查询网址和高压受电工程典型设计供客户查询和询价参考。

3.1.2.5.4 注意事项

（1）客户现场咨询或办理时，应同步给客户提供业务办理告知书，告知清晰办理流程、收资标准及流程时限。

供电方案答复：单电源10个工作日，双电源20个工作日。

设计审核：设计文件报审受理后，3个工作日内出具审核意见。

中间检查：中间检查申请受理后，2个工作日内组织中间检查。

竣工检验：竣工报验受理后，3个工作日内组织进行竣工检验。

装表接电：竣工检验合格后，在3个工作日内完成。根据现场条件状况，竣工检验可与装表接电在同一天完成。

（2）根据国家有关规定，产权分界点是供用电双方运行维护管理及安全责任范围的分界点。产权分界点及以上（电源侧）的线路等配电设施由供电方或政府出资、安装；产权分界点以下（用户侧）的用电设施由用电方出资、安装并归其所有。产权分界点由供电方和用电方在《供用电合同》中约定。

（3）高压新装增容、高压装表临时增容用电执行“容缺受理”，对于暂时无法提供用电地址权属证明的，客户签署《缺件办理承诺书》后，实行一证受理。

3.1.2.6 居民住宅小区新装

3.1.2.6.1 业务说明

本业务是为居民住宅小区供（配）电提供用电申请，业务办理流程和时限与高压非普通客户保持一致，本项业务不提供线上受理方式，仅可通过供电营业厅受理。

3.1.2.6.2 受理流程

受理流程图如图3-14所示。

图3-14 受理流程图

（1）申请受理：按照客户申请所需资料清单（见表3-6）要求提供申请资料。申请资料不齐“容缺受理”的，需签署《缺件办理承诺书》，并在承诺环节前提供所缺资料。

表 3-6 客户申请所需资料清单

业务环节	资料名称	资料说明	备注
业务受理	政府主管部门立项批复或相关证明文件	—	
	用电人有效身份证明材料	①法人代表身份证明原件（包括身份证、军人证、护照、户口簿或公安机关户籍证明等）； ②统一社会信用代码证（副本）原件	
		经办人办理时，还需提供： ①经办人有效身份证明原件（包括身份证、军人证、护照、户口簿或公安机关户籍证明等）； ②加盖公章的授权委托书	委托代理人办理用电业务时必备
	用电地址物权证明材料	①房屋产权证原件或国有土地使用证原件（土地出让或划拨相关证书）； ②盖规划章的总平面布置图（需要提供电子版与纸质图纸）	
	用电设备容量核算清单	不同面积商品房的户数及单位电耗；公共电梯、消防的台数和单位电耗；公共照明、物业用电、商业用电等面积和单位电耗；充电桩数量和单位电耗	用于计算小区报装容量
设计审核	工程设计资质证书	—	
	工程设计文件和说明	经加盖出图章且装订成册的工程设计文件和说明	
中间检查	施工单位的资质证书	施工单位的承装（修、试）电力设施许可证复印件	
	隐蔽工程施工及试验记录	①接地电阻测试报告； ②隐蔽工程记录	

续表

业务环节	资料名称	资料说明	备注
竣工检验	竣工资料	①工程设计资质证书； ②装订成册的工程设计文件和说明	需经供电企业审核后施工
		①施工、试验单位资质证明材料； ②隐蔽工程的施工及试验记录	
		①工程竣工图及说明； ②电气试验及保护整定调试记录； ③安全用具的试验报告； ⑤隐蔽工程的施工及试验记录； ④运行管理的有关规定和制度； ⑤值班人员名单及资格； ⑥供电企业认为必要的其他资料或记录	必备
装表接电			

注 如无特殊说明，“客户申请所需资料”均指资料原件，如无法提供原件的，提供复印件时，企事业单位应加盖公章。

（2）方案答复：在受理用户住宅小区供（配）电用电申请后，供电公司将按约定时间至现场查勘供电条件，在受理后10个工作日内（双电源客户20个工作日）答复供电方案。

供电方案有效期自客户签收之日起一年内有效，用户应当在有效期内依据供电方案开工建设受电工程，逾期不开工的，供电方案失效。如用户有特殊情况，需延长供电方案有效期，应当在有效期到期前10日（含到期日）向供电公司提出申请，供电公司将视情况为用户办理供电方案延期手续。

（3）工程实施：开发建设单位按照供电方案自主选择有相应资质的设计单位开展受电工程设计。设计完成后，请填写新建住宅小区工程设计文件送审单，提供设计单位资质证明材料、设计文件及说明等设计送审资料，提出设计文件审核申请，供电公司将在受理后3个工作日内出具审核意见。需要复审时，复审时限同第一次设计审核，即第二次报审后3个工作日内出具审核意见。

根据审核通过的设计图纸，请用户自主选择有相应资质的施工单位开展隐蔽工程施工。在电缆管沟、接地网等隐蔽工程覆盖前，请填写新建住宅小区工程中间检查报验单，提供施工单位资质证明材料和隐蔽工程施工及试验记录，提出中间检查申请，供电公司将在受理后2个工作日内组织中间检查。需要复查时，复查时限同第一次中间检查时限。

受电工程竣工并自检验合格后，请用户按要求提供竣工资料及时报验。供电公司将在受理后3个工作日内组织竣工检验。对竣工检验中发现的问题，请用户按新建住宅小区工程竣工检验意见单要求及时整改，整改完成后，重新提交竣工检验申请办理复验手续，直至检验合格。复验流程、时限同第一次竣工检验时限。

（4）装表接电：由房地产开发建设单位统一申请开户，办理物业用电及居民低压批量新装用电申请手续。竣工检验合格后，供电公司将在3个工作日内完成高压公共开关站、配电站送电；居民及低压公共物业负荷批量新装按照“集中装表、实名通电”或实名制低压新装的工作原则，开展集中装表工作，由各业主办理实名通电手续后，供电公司将在规定时间内为其通电。

3.1.2.6.3 受理要点

要点1：居民住宅小区新装办理前需与责任客户经理联系确认。

居民住宅小区新装相对复杂，是需要供电公司与用户高度联动的一项业务，应由负责承接小区项目的客户经理主导负责，受理人员根据《业务办理告知书》做好用户业务申请资料收资工作，相关客户申请资料应及时交由对应客户经理审核把关，确认无误后，受理申请。

要点2：客户应自行委托设计、施工和设备材料供应单位。

客户应自行寻找和委托有资质的设计、施工和设备材料供应单位。相关信息可登录“网上国网”App、全国建筑市场监管公共服务平台（http：//jzsc.mohurd.gov.cn/home）查询。受理人员应主动提供查询网址供客户查询。

3.1.2.6.4 注意事项

（1）客户现场咨询或办理时，应同步给客户提供《业务办理告知书》，告知清晰办理流程、收资标准及流程时限。居民住宅小区新装需客户提供完整受理资料后，方可进行受理。流程时限如下：

供电方案答复：单电源10个工作日，双电源20个工作日。

设计审核：设计文件报审受理后，3个工作日内出具审核意见。

中间检查：中间检查申请受理后，2个工作日内组织中间检查。

竣工检验：竣工报验受理后，3个工作日内组织进行竣工检验。

高压部分送电：竣工检验合格后，在3个工作日内完成高压公共开关站、配电站送电。

（2）小区接电后，自愿移交的与供电公司签订《资产移交协议》，完成住宅小区公共配电的资产（包含高压配电线路、开闭所、配电变压器室、低压配电线路等配电装置及其附属设施，低压计量装置及其附属设施，具体以项目实际情况为准）移交工作。若移交过程中建设单位营业执照发生变化，需及时向供电公司更新相关资料。

3.1.3 变更用电

3.1.3.1 更名

3.1.3.1.1 业务说明

更名业务是指客户在用电主体、用电地址、用电容量、用电类别不变条件下，由于用电主体名称发生变更，要求变更用电户名的业务。

3.1.3.1.2 受理流程

受理流程图如图3–15所示。

图 3–15　受理流程图

（1）申请受理：按照客户申请所需资料清单（见表3–7）要求提供申请资料。

表 3–7　客户申请所需资料清单

业务环节	资料名称	资料说明	备注
申请受理	用电人有效身份证明材料	户主本人办理时，提供原身份证及以下材料之一： ①居民身份证原件或临时身份证原件； ②户口簿原件； ③军官证或士兵证原件； ④台胞证原件； ⑤港澳通行证原件； ⑥外国护照原件； ⑦外国永久居留证（绿卡）原件； ⑧其他有效身份证明文书原件等	以自然人名义办理时必备
		法人代表办理时，提供以下材料： ①法人代表身份证原件； ②统一社会信用代码证（副本）原件或宗教活动场所登记证原件； ③市场监管局更名证明书； 如无法提供原件，提供复印件时，企事业单位应加盖公章	以非自然人名义办理申请时必备

续表

业务环节	资料名称	资料说明	备注
申请受理	用电人有效身份证明材料	经办人办理时，还需提供： ①经办人有效身份证明原件（包括身份证、军人证、护照、户口簿或公安机关户籍证明等）； ②授权委托书原件，非自然人办理时，提供法人的授权委托书（企事业单位应加盖公章），自然人办理，且户主有效身份证明材料为复印件的，应提供户主的授权委托书	委托代理人办理用电业务时必备

注 1. 如无特殊说明，“客户申请所需资料”均指资料原件。

2. 与政府部门通过数据共享可获取的材料，免于提供。

3. 在办理其他电力业务时已经提交且尚在有效期内的材料，免于提供。

（2）合同变更：客户确认更名后，所有客户角色原合同内容（包括但不限于供电的方式、质量、时间，用电容量、地址、性质，计量方式，电价、电费的结算方式，违约责任，供用电设施的维护责任等）对供、用电双方依然有效，并按原合同履行权利义务和承担法律责任。

3.1.3.1.3 受理要点

更名业务在办理过程中，营业窗口人员应掌握业务要点，根据客户交流情况及提供的相关材料，快速给出准确、合理的业务办理方案。

要点：判定不同客户情形是否符合更名业务办理规范。

更名仅适用于法人或自然人名称变更的情形，用电主体未发生变化，相应的债权债务关系未发生变化，依然继承。对以下情形，受理人员需额外注意分辨：

（1）对于写字楼及园区委托物业运营交费、临时用户由承建单位用电交费的情形，如客户提出办理过户来满足“账票信息一致”的需求，应建议客户签订三方《电费结算协议》（租赁客户）来办理。

（2）如客户为居民小区物业、写字楼、办公楼，原户名为物业管理单位，因物业管理单位变更引起用电户名变更，优先选择更名方式变更为产权人或业主管理委员会为户名，并与物业公司签订电费结算协议（三方协议），特殊情况下可采用变更户名方式更改物业管理单位名字。

（3）如客户为同一集团（同一实际控制人）下分、子公司调整或政府组织机构调整引起用电户名变更，实际用电主体不发生变更的，应办理更名业务。

3.1.3.1.4 注意事项

客户确认更名后，所有客户角色原合同内容（包括但不限于供电的方式、质量、时间，用电容量、地址、性质，计量方式，电价、电费的结算方式，违约责任，供用电设施的维护责任等）对供、用电双方依然有效，并按原合同履行权利、义务和承担法律责任。

受理人员需要用户确认新户名是否需要开具增值税发票，如果需要，同步办理增值税信息变更；如果办理代扣业务，提醒客户自行前往银行办理。同时，做好短信提醒、订阅提醒等客户提醒相关服务工作。

3.1.3.2 过户

3.1.3.2.1 业务说明

过户业务是指客户在用电地址、用电容量不变的条件下，由于用电地址物权主体、管理权责等发生变化引起用电人变更，要求变更供用电关系的业务。

3.1.3.2.2 受理流程

受理流程图如图3–16所示。

图 3–16 受理流程图

（1）申请受理：按照客户申请所需资料清单（见表3–8）要求提供申请资料。如预判在过户结清电费后仍有电费余额的，请在申请时一并提交退费或费用互转相关资料。

表 3–8 客户申请所需资料清单

业务环节	资料名称	资料说明	备注
申请受理	用电人有效身份证明	户主本人办理时，以下材料提供其一： ①居民身份证原件或临时身份证原件； ②户口簿原件； ③军官证或士兵证原件； ④台胞证原件； ⑤港澳通行证原件； ⑥外国护照原件； ⑦外国永久居留证（绿卡）原件； ⑧其他有效身份证明文书原件等	以自然人名义办理时必备

续表

业务环节	资料名称	资料说明	备注
申请受理	用电人有效身份证明	法人代表办理时，提供以下材料提供： ①法人代表身份证原件； ②统一社会信用代码证（副本）原件或宗教活动场所登记证原件； 如无法提供原件，提供复印件时，企事业单位应加盖公章	以非自然人名义办理申请时，必备已提供加载统一社会信用代码的营业执照的，不再要求提供组织机构代码和税务登记证明
		经办人办理时，还需提供： ①经办人有效身份证明原件（包括身份证、军人证、护照、户口簿或公安机关户籍证明等）； ②授权委托书原件，非自然人办理时，提供法人的授权委托书（企事业单位应加盖公章），自然人办理，且户主有效身份证明材料为复印件的，应提供户主的授权委托书	委托代理人办理用电业务时必备
	用电地址权属证明	以下材料提供其一： ①房屋所有权证（不动产权证书）原件、国有土地使用证原件、乡村建设规划许可证原件或购房合同原件； ②租赁协议原件（还需同时提供承租户房屋所有权证明（不动产权证书）复印件、国有土地使用证复印件或乡村建设规划许可证复印件）； ③含有明确房屋所有权证判词且发生法律效力的法院判决文书复印件（必须明确房屋所有权或土地使用权所有人并加盖公章）； 如无法提供原件，提供复印件时，企事业单位应加盖公章	
	用电工程项目批准文件	①如无法提供原件，提供复印件时，企事业单位应加盖公章； ②政府主管部门对于报装收资另有规定的，按照相关规定执行	对于“两高”项目或其他特殊行业项目

续表

业务环节	资料名称	资料说明	备注
申请受理	预收电费余额退费材料	居民： ①原户主退费申请； ②收款账户信息（银行账户名、银行账号、银行开户行）； ③原户主身份证正反面复印件； ④非户主办理还需提供授权委托书、经办人身份证正反面复印件。 非居民用户： ①原户主退费申请； ②收款账户信息（银行账户名、银行账号、银行开户行）； ③原户主营业执照复印件加盖公章，法人身份证正反面复印件； ④若由委托代理人办理，还需提供委托代理人身份证正反面复印件、委托代理书； ⑤若退至个人账户，需提供企业注销证明	过户已提供的资料，退费时免于提供
	预收电费余额互转材料	居民： ①原户主同意预收转入新户的情况说明（需注明互转户号）； ②原户主身份证正反面复印件； ③非户主办理还需提供授权委托书、经办人身份证正反面复印件。 非居民用户： ①原户主同意预收转入新户的情况说明（需注明互转户号）； ②原户主营业执照复印件加盖公章，法人身份证正反面复印件； ③若由委托代理人办理，还需提供委托代理人身份证正反面复印件、委托代理书	过户已提供的资料，退费时免于提供
	其他需提供的信息	开户行名称、银行账号等	开具增值税发票提供

注 1. 如无特殊说明，“客户申请所需资料”均指资料原件。
2. 与政府部门通过数据共享可获取的材料，免于提供。
3. 在办理其他电力业务时已经提交且尚在有效期内的材料，免于提供。
4. 联办部门推送的材料，免于提供。

（2）合同签订：当收到供电公司通知时，可携带相关证件签订《供用电合同》（居民客户在受理时签订《供用电合同》），若过户后您为工商业用户，且由供电公司代理购电，还需签订《购售电合同》。

（3）特抄或换表：在用户签订《供用电合同》后，供电公司将安排人员为用户特抄电能表底度或换表。拆回的电能计量装置将在表库存放一个月，以便您有异议时查询。

（4）电费结清：在特抄或换表后，供电公司将为用户计算底度电费，用户需要交纳底度电费后过户才能生效。全部高压用户、低压市场化用户（不含代理购电用户）、社会救助对象的用户、执行一户多人口电价的用户必须选择清算电费，其他用户可自主选择是否清算电费；如选择清算，居民客户阶梯额度将根据规定重新计算。

3.1.3.2.3 受理要点

过户业务在办理过程中，营业窗口人员应掌握业务要点，根据客户交流情况及提供的相关材料，快速给出准确、合理的业务办理方案。

要点1：判定不同客户情形是否符合过户业务办理规范。

过户适用于用电地址物权归属、用电主体或管理权责发生变更引起用电人变更的场景。电费结算三方协议适用于报装用电主体将电能使用、电费结算等权责关系转移至承租方、中介公司、物业公司、能源托管等第三方的场景。

（1）对写字楼及园区委托物业运营交费、临时用户由承建单位用电交费的情形，如客户提出办理过户来满足“账票信息一致”的需求，应建议客户签订三方《电费结算协议》（租赁客户）来办理。

（2）对户名为房产开发商的用户变更为实际购房者等相关情形，应当规范执行过户业务；在用电地址物权主体归属未发生变化的情况下，出租方不可以过户给承租方。

要点2：判定签订合同类型。

居民用户过户后，如经现场核定后发现用电性质属于工商业的，应办理改类并重新签订《供用电合同》，如由国家电网有限公司代理购电还应签订《代理购售电合同》。

要点3：判定执行工商业电价用户过户后应执行的电价策略并告知客户。

办理过户业务后，用电主体发生变更，相关电价政策按照新立户标准执行。根据《国家发展改革委关于第三监管周期省级电网输配电价及有关事项的通知》（发改价格〔2023〕526号）、《浙江省发展改革委关于转发〈国家发展改革委关于核定2023—2025年省级电网输配电价的通知〉》（浙发改价格〔2023〕139号）文件要求，运行容量在100~315kVA执行工商业电价的用户，可选择执行单一制或两部制电价，选定后应在12个月之内保持不变，如需变更应提前15天申请办理，次月生效。用电容量在315kVA及以上执行工商业电价的用户，执行两部制电价。存量执行单一制电价的一般工商业用户可选择执行单一制或两部制；315kVA及以上的大工业用户，应执行两部制电价。运行容量在315kVA及以上存量执行单一制电价的用户，选择执行两部制电价后，不能重新选回单一制单价。工商业用户单一制、两部制电价执行范围见表3-9。

表3-9　工商业用户单一制、两部制电价执行范围

分类			单一制	两部制
100kVA及以下			√	
100~315kVA			√	√
315kVA及以上	存量	大工业用电		√
		单一制一般工商业用电	√	√
		两部制一般工商业用电		√
	增量	大工业用电		√
		一般工商业用电		√
315kVA及以上临时用电	存量	单一制一般工商业用电	√	√
		两部制一般工商业用电		√
	增量	一般工商业用电	√	√

3.1.3.2.4 注意事项

受理人员需针对以下事项做好告知工作：

（1）如原客户办理了电费代扣业务（批扣、托收等），请及时取消，新客户可根据需要办理批扣或托收。

（2）在用户过户流程结束前所产生的电费，开具的电费发票抬头为原户名，无法更改；此外，当原客户有预收费，选择不清算时，原客户预收费将自动转至新客户；选择清算的，原客户可申请预收费退费或者结转。请新、老户主之间协商好相关事宜，避免纠纷。

（3）在过户流程结束之前，如用户变更了电费代扣业务，可能使用户托收账

户和电费户名不一致，请新、老户主之间做好协商。

（4）如新户主需要开具增值税发票，请同步办理增值税信息变更。

（5）如在结清电费后，仍有电费余额的，将根据用户申请时提交的资料，直接给予办理退费或费用互转。

（6）根据《国家发展改革委关于进一步深化燃煤发电上网电价市场化改革的通知》（发改价格〔2021〕1439号）、《国家发展改革委办公厅关于组织开展电网企业代理购电工作有关事项的通知》（发改办价格〔2021〕809号）、《浙江省发展改革委关于调整我省目录销售电价有关事项的通知》（浙发改价格〔2021〕377号）文件要求，取消工商业目录销售电价。选择进入市场的工商业用户，根据政府文件公布时间起，可选择向发电企业或售电公司购电。即日起，向发电企业购电的用户可通过电力交易平台（http：//zjpx.com.cn）进行市场注册。由供电公司代理购电的工商业用户，可在每季度最后15日前选择下一季度起直接参与市场交易。

（7）办理过户业务后，用电主体发生变更，相关电价政策按照新立户标准执行。根据国家发展改革委《关于第三监管周期省级电网输配电价及有关事项的通知》（发改价格〔2023〕526号）、《浙江省发展改革委关于转发〈国家发展改革委关于核定2023—2025年省级电网输配电价的通知〉》（浙发改价格〔2023〕139号）文件要求，运行容量在100~315kVA之间执行工商业电价的用户，可选择执行单一制或两部制电价，选定后应在12个月之内保持不变，如需变更应提前15天申请办理，次月生效。用电容量在315kVA及以上执行工商业电价的用户，执行两部制电价。存量执行单一制电价的一般工商业用户增容至315kVA及以上的，可选择执行单一制或两部制；增容至315kVA及以上的大工业用户，应执行两部制电价。运行容量在315kVA及以上存量执行单一制电价的用户，选择执行两部制电价后，不能重新选回单一制单价。

（8）办理完过户业务后，用户的用电户编号将发生变更，请根据变更后的用电户编号缴纳电费、重新建立市场化交易关系、办理差别化电价等事宜，避免带来不必要的麻烦。

（9）在办理过户手续时，如提供房屋所有权证或国有土地使用证作为用电地址权属证明的，需保证房屋所有权证和国有土地使用证二者产权一致。业务办理需新老户主双方协商一致，如供电公司在处理过户业务过程中，因新老户主业务存在纠纷引起业务办理过程受阻的，供电公司将终止用户的过户流程，待用户办妥相关事宜后重新申请。

3.1.3.3 过户－小区新户通电

3.1.3.3.1 业务说明

过户－小区新户通电是指已装表未通电的新建小区用户，申请实名制接电的业务。

3.1.3.3.2 受理流程

受理流程图如图3–17所示。

图 3–17　受理流程图

（1）申请受理：用户根据客户申请所需资料清单（见表3–9）对应提供所需材料。

表 3–9　客户申请所需资料清单

业务环节	资料名称	资料说明	备注
申请受理	用电人有效身份证明	户主本人办理时，以下材料提供其一： ①居民身份证原件或临时身份证原件； ②户口簿原件； ③军官证或士兵证原件； ④台胞证原件； ⑤港澳通行证原件； ⑥外国护照原件； ⑦外国永久居留证（绿卡）原件； ⑧其他有效身份证明文书原件等	以自然人名义办理时必备
		经办人办理时，还需提供： ①经办人有效身份证明原件（包括身份证、军人证、护照、户口簿或公安机关户籍证明等）； ②户主有效身份证明材料为复印件的，应提供户主的授权委托书	委托代理人办理用电业务时必备
	用电地址权属证明	以下材料提供其一： ①房屋所有权证原件（或购房合同原件或购房合同发票原件）； ②法院判决文书复印件（必须明确房屋产权所有人）等； ③若属农村用房等无房屋所有权证或土地使用证的，须由所在镇（街道、乡）及以上政府或房管、城建、国土管理部门根据所辖权限开具房屋所有权合法证明； 如无法提供原件，提供复印件时，企事业单位应加盖公章	

续表

业务环节	资料名称	资料说明	备注
申请受理	预收电费余额退费材料	居民： ①原户主退费申请； ②收款账户信息（银行账户名、银行账号、银行开户行）； ③原户主身份证正反面复印件； ④非户主办理还需提供授权委托书、经办人身份证正反面复印件。 非居民用户： ①原户主退费申请； ②收款账户信息（银行账户名、银行账号、银行开户行）； ③原户主营业执照复印件加盖公章，法人身份证正反面复印件； ④若由委托代理人办理，还需提供委托代理人身份证正反面复印件、委托代理书； ⑤若退至个人账户，需提供企业注销证明	
	预收电费余额互转材料	居民： ①原户主同意预收转入新户的情况说明（需注明互转户号）； ②原户主身份证正反面复印件； ③非户主办理还需提供授权委托书、经办人身份证正反面复印件。 非居民用户： ①原户主同意预收转入新户的情况说明（需注明互转户号）； ②原户主营业执照复印件加盖公章，法人身份证正反面复印件； ③若由委托代理人办理，还需提供委托代理人身份证正反面复印件、委托代理书	
	其他需提供的信息	开户行名称、银行账号等	开具增值税发票提供

注 1.如无特殊说明，“客户申请所需资料”均指资料原件。
2.与政府部门通过数据共享可获取的材料，免于提供。
3.在办理其他电力业务时已经提交且尚在有效期内的材料，免于提供。
4.联办部门推送的材料，免于提供。

（2）合同签订及通电：当收到供电公司通知时，用户可携带相关证件签订《供用电合同》，若过户后用户为工商业用户，且由供电公司代理购电，还需签订《购售电合同》。合同签订后，供电公司将安排人员为用户特抄电能表底度表并通电。

3.1.3.3.3 受理要点

“过户－小区新户通电”业务在办理过程中，营业窗口人员应掌握业务要点，根据客户交流情况及提供的相关材料，快速给出准确、合理的业务办理方案。

要点1：判定客户情形是否符合过户—新户通电业务办理规范。

对户名为房产开发商的用户变更为实际购房者等相关情形，应当规范执行过户业务；在用电地址物权主体归属未发生变化的情况下，出租方不可以过户给承租方。

要点2：判定签订合同类型。

（1）居民用户办理过户－小区新户通电后，如经现场核定后发现用电性质属于工商业的，应办理改类并重新签订《供用电合同》，如由国家电网有限公司代理购电还应签订《代理购售电合同》。

（2）自用充电桩用户、低压非居民用户办理过户－小区新户通电后，应签订对应类型的《供用电合同》或协议。

3.1.3.3.4 注意事项

受理人员需针对以下事项做好告知工作：

（1）提醒客户在过户－小区新户通电流程结束前，如客户变更了电费代扣业务，可能使托收账户和电费户名不一致。

（3）对预收费退费或者结转，也请新、老户主之间协商好相关事宜。

（4）对于非居民用户，如新客户需要开具增值税发票，请同步办理增值税信息变更。

（5）如原客户办理了电费代扣业务（批扣、托收等），需提醒客户及时取消以免过户后出账电费仍在原客户处扣费，新客户可根据需要自行前往银行办理电费批扣或托收。

（6）做好联系人更新提醒、电费短信及发票订阅提醒等客户提醒相关服务工作。

（7）需同步确认新户是否需要开通峰谷电或执行分时电价，需要开通的同步办理峰谷电变更或改类业务。

（8）提醒客户，如果发现复电后家中无电，需要自行操作空气开关。

3.1.3.4 “一户多人口”业务

3.1.3.4.1 业务说明

“一户多人口”业务是指同一住址共同居住生活的居民人口数达到一定标准后，可享受一定的优惠政策。以浙江省为例，“一户多人口”业务根据申请人数的不同，可以对应享受居民阶梯电价或居民合表电价的优惠政策，相关内容如下：

（1）同一住址共同居住生活的居民（不含迁出、注销人员）累计人数满5人及以上可申请每户每月增加100kWh的阶梯电量基数。

（2）同一住址共同居住生活的居民（不含迁出、注销人员）累计人数满7人及以上可选择执行居民合表电价或每月增加100kWh的阶梯电量基数，选定后两年内不得变更为另一种方式。

3.1.3.4.2 受理流程

受理流程图如图3-18所示。

图 3-18　受理流程图

（1）申请受理：用户根据客户申请所需资料清单（见表3-10）对应提供所需材料。

表 3-10　客户申请所需资料清单

业务环节	资料名称	资料说明	备注
申请受理	有效身份证明材料	以下材料提供其一： ①居民身份证原件或临时身份证原件； ②户口簿原件； ③军官证或士兵证原件； ④台湾居民来往大陆通行证原件； ⑤港澳居民来往内地通行证原件； ⑥外国护照原件； ⑦其他有效身份证明文书原件等	符合办理条件的用户房屋产权所有人或户口簿等居住证明上人员均需提供所示列材料
		①授权委托书原件或单位介绍信原件； ②经办人或法人有效身份证明原件（包括身份证、军人证、护照、户口簿或公安机关户籍证明等）	委托代理人办理用电业务时必备
		以法人或其他组织名义办理，以下材料提供其一： ①统一社会信用代码证（副本）原件； ②如无法提供原件，提供复印件时，企事业单位应加盖公章	房屋产权人为公司产权（非自然人产权）的提供

续表

业务环节	资料名称	资料说明	备注
申请受理	有效居住证明材料	户口簿原件	证件上所载居住地址需与房产证明地址一致
		居住证包含：浙江省居住证、港澳居民居住证、台湾居民居住证、外国人永久居留身份证或有效期半年及以上的外国居留证、境外人员临时住宿登记表	
		政府相关部门及军队师（旅）级以上单位政治机关出具的证明材料	军队士官等户口无法迁入的需提供
		政府相应部门的拆迁证明	包含拆迁户的需提供
		“人户分离”直系亲属的相关合法关系证明及“人户分离”人口居住地址证明承诺书	户籍与实际居住地址不一致且无法办理浙江省居住证的“人户分离”人员需提供
	用电地址物权证明材料	以下材料提供其一： ①房屋产权所有证原件（或购房合同原件）、土地使用证原件； ②含有明确房屋产权判词且发生法律效力的法院法律文书（判决书、裁定书、调解书、执行书等）； ③若属农村用房等无房产证或土地证的，须由所在镇（街道、乡）及以上政府或房管、城建、国土管理部门根据所辖权限开具产权合法证明	

（2）办理完成：供电公司将安排人员为用户特抄电能表底度。阶梯清算事宜，如用户申请由普通“一户一表”阶梯电价或“一户多人口”阶梯电价变更为“一户多人口”合表电价、取消“一户多人口”阶梯电价等变更业务时，供电公司将根据实际开展阶梯用电基数清算，清算后，用户需支付清算电费。

3.1.3.4.3 受理要点

“一户多人口”业务在办理过程中，营业窗口人员应掌握业务要点，根据客户交流情况及提供的相关材料，快速给出准确、合理的业务办理方案。

要点1：判定申请人数及与户主关系符合情况。

（1）人数需要达到5人及以上或7人及以上。当人数低于这个条件，由于人数不符合而无法享受本项业务优惠政策。

（2）与户主的关系为直系亲属关系（见图3-19）或房东与租户关系，且要求的证明材料相符合。

对户籍与实际居住地址不一致且无法办理浙江省居住证的“人户分离”（见图3-20）人员，申请人（户主）需提供与“人户分离”人员为直系亲属的合法证明。

曾祖父母	祖父母、外祖父母
父母	公婆、岳父母
配偶	丈夫、妻子
子女	儿子、女儿
孙女	孙子女、外孙子女

图 3-19　直系亲属关系示意图

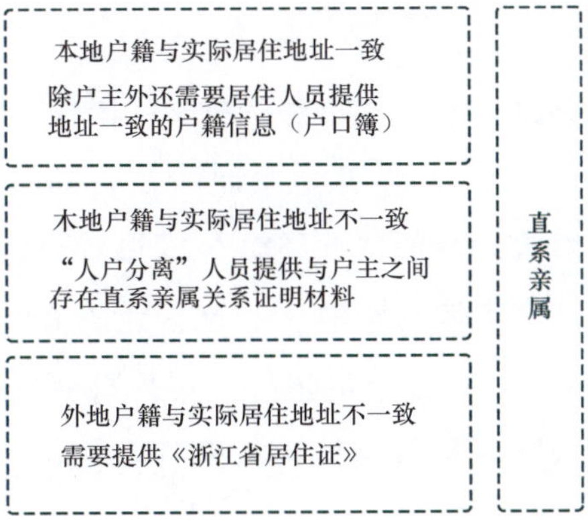

图 3-20　“人户分离”示意图

要点2：办理材料判别和示例展示。

申请居住证可以通过“浙里办”App或居住地所在派出所申请，首次办证需要连续居住登记满6个月以上，符合一定条件，具体请咨询属地公安机关（派出所）。登记成功不等于取到证，有了证件编号才认可为取得浙江省居住证。

以浙江省为例，当无法提供居住证时，属地派出所出具的“浙江省居住证确认单”（见图3-21），确认单上有明确且详细的“居住证编号”、居住地址及人员照片等基础信息的证明材料也是可以办理的。

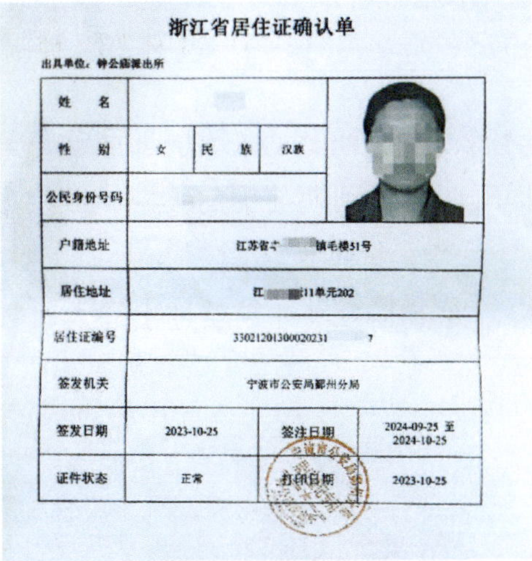

浙江省居住证确认单

出具单位：钟公庙派出所

姓名			
性别	女	民族	汉族
公民身份号码			
户籍地址	江苏省宁 镇毛楼51号		
居住地址	江 11单元202		
居住证编号	33021201300020231 7		
签发机关	宁波市公安局鄞州分局		
签发日期	2023-10-25	签注日期	2024-09-25 至 2024-10-25
证件状态	正常	打印日期	2023-10-25

图 3-21　“浙江省居住证确认单”示例

要点3：关于“浙江省居住证”（见图3-22）办理要点。

以浙江省为例，用户办理居住证需要注意以下几点：

（1）宁波市6区不办理。宁波市6区（海曙、江北、鄞州、镇海奉化、北仑）内公安机关是不予办理的，不具备申请资料，也就是说此类客户需要提供直系亲属关系证明材料。

（2）地址变更需要向公安机关申请。强调居住证上地址需与客户申请户号的用电地址一致，如需变更地址请及时向公安机关申请，变更需要时间更新数据，不会立即生效，一般情况下，公安系统办理后数据推送预计1周左右。

（3）首次申领有限制。首次发卡有6个月的限制，也就是说需要连续居住登记满6个月以上，符合一定条件，可以在“浙里办”App或居住地所在派出所申请。

（4）获取电子版居住证的操作。通过“浙里办”App中的“我的-证件”获取电子的居住证。

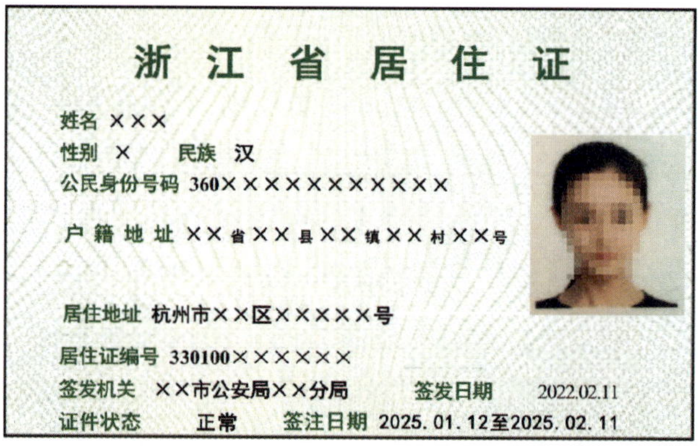

图3-22 浙江省居住证电子版示例

3.1.3.4.4 注意事项

“一户多人口”政策有效期24个月，业务办理后当月享受优惠政策，到期不会自动续期。受理人员需提醒客户在到期前提前续期，续期办理方式为在到期前2个月内前往营业厅办理续期手续，续期所需材料与上期一致。对于办理“一户多人口”续期的，需要核对户口簿上是否有注销、迁出的人口数。

3.1.3.5 居民峰谷电价变更

3.1.3.5.1 业务说明

“居民峰谷电价变更”是指执行低压“一户一表”居民生活电价的客户申请变更为峰谷电价计费方式的业务。

居民合表用户（充电桩居民合表用户除外）或执行居民电价的非居民用户均不能办理峰谷分时电价。居民生活用电分时电价时段划分：高峰时段8：00—22：00，低谷时段22：00—8：00（次日）。处于不同用电阶梯的峰谷电价见表3-11。

表3-11 处于不同用电阶梯的峰谷电价

居民生活用电电价						
用电类型	电压等级		电度电价（元/kWh）（含税）	分时电价（元/kWh）（含税）		
				尖峰电价	高峰电价	低谷电价
居民生活用电	不满1kV“一户一表”居民用户	年用电2760kWh及以下部分	0.538	—	0.568	0.288
		年用电2761~4800kWh部分	0.588	—	0.618	0.338
		年用电4801kWh及以上部分	0.838	—	0.868	0.588

注 1.上表所列价格，均含政府性基金及附加。其中，居民生活用电每千瓦时含国家重大水利建设基金0.403875分、大中型水库移民扶持基金0.62分、可再生能源附加0.1分；农业生产用电每千瓦时含国家重大水利建设基金0.403875分。

2.居民生活用电分时电价时段划分：高峰时段8：00—22：00，低谷时段22：00—8：00（次日）。居民生活用电1~10kV“一户一表”价格在不满1kV“一户一表”居民生活用电价格基础上相应降低2分。

3.1.3.5.2 受理流程

受理流程图如图3-23所示。

图3-23 受理流程图

（1）申请受理：用户根据客户申请所需资料清单（见表3-12）对应提供所需材料。根据浙价资〔2012〕169号文件规定，居民生活用电分时电价时段划分：高峰时段8：00—22：00，低谷时段22：00—8：00（次日）。

表3-12 客户申请所需资料清单

业务环节	资料名称	资料说明	备注
申请受理	用电人有效身份证明	户主本人办理时，以下材料提供其一： ①居民身份证原件或临时身份证原件； ②户口簿原件； ③军官证或士兵证原件； ④台胞证原件； ⑤港澳通行证原件； ⑥外国护照原件； ⑦外国永久居留证（绿卡）原件； ⑧其他有效身份证明文书原件等	以自然人名义办理时必备

续表

业务环节	资料名称	资料说明	备注
申请受理	用电人有效身份证明	法人代表办理时，提供以下材料： ①法人代表身份证； ②统一社会信用代码证（副本）原件； 如无法提供原件，提供复印件时，企事业单位应加盖公章	以非自然人名义办理申请时必备
		经办人办理时，还需提供： ①经办人有效身份证明原件（包括身份证、军人证、护照、户口簿或公安机关户籍证明等）； ②授权委托书原件，非自然人办理时，提供法人的授权委托书（企事业单位应加盖公章）；自然人办理，且户主有效身份证明材料为复印件的，应提供户主的授权委托书	委托代理人办理用电业务时必备

注 1. 如无特殊说明，"客户申请所需资料"均指资料原件。
2. 与政府部门通过数据共享可获取的材料，免于提供。
3. 在办理其他电力业务时已经提交且尚在有效期内的材料，免于提供。

（2）特抄或换表：如用户现使用的电能表不具备峰谷计度功能，供电公司将给用户更换具有峰谷计度功能的分时电能表，自换表日起执行峰谷分时电价，不再另行通知。拆回的电能计量装置将在表库存放一个月，以便用户有异议时查询。如用户现使用的电能表已具备峰谷计度功能，供电公司将给用户远程特抄底度并开通峰谷计度，不再另行通知。

3.1.3.5.3 受理要点

居民峰谷电价变更业务在办理过程中，营业窗口人员应掌握业务要点，根据客户交流情况及提供的相关材料，快速给出准确、合理的业务办理方案。

如客户提交的有效身份证明与用电户名不一致时，还应提供用电地址权属证明。如客户本人未带证件，可通过刷脸办电或政企信息调取办理。

3.1.3.5.4 注意事项

提醒客户若现在使用的电能表不具备峰谷计度功能，供电公司将更换具有峰谷计度功能的分时电能表，自换表日起执行峰谷分时电价。若现在使用的电能表已具备峰谷计度功能，将远程特抄底度并开通峰谷计度，不再另行通知。对于已执行"一户多人口"居民电价、存在定量定比的居民用户、居民自用充电桩用户，均无法通过居民峰谷电变更业务直接为其开通峰谷电，需办理"一户多人口"及改类业务。

3.1.3.6 高压减容、减容恢复

3.1.3.6.1 业务说明

“高压减容、减容恢复”是指客户所在用电地址受电设施减少合同约定用电容量和在规定时限内恢复原用电容量的业务。

3.1.3.6.2 受理流程

1.非永久性减容

受理流程图如图3–24所示。

图 3–24 受理流程图

（1）申请受理：按照客户申请所需资料清单要求提供申请资料。

（2）现场封停（启封）：供电公司工作人员将按照预约时间，到现场进行设备封停（启封），并抄录电能表示数。

2.永久性减容

受理流程图如图3–25所示。

图 3–25 受理流程图

（1）申请受理：用户根据客户申请所需资料清单（见表3–12）对应提供所需材料。

表 3–12 客户申请所需资料清单

业务环节	资料名称	资料说明	备注
申请受理	用电人有效身份证明材料	户主本人办理时，以下材料提供其一： ①居民身份证原件或临时身份证原件； ②户口簿原件； ③军官证或士兵证原件； ④台胞证原件； ⑤港澳通行证原件； ⑥外国护照原件； ⑦外国永久居留证（绿卡）原件； ⑧其他有效身份证明文书原件等	以自然人名义办理时必备

续表

业务环节	资料名称	资料说明	备注
申请受理	用电人有效身份证明材料	法人代表办理时，提供以下材料： ①法人代表身份证； ②统一社会信用代码证（副本）原件或宗教活动场所登记证原件。 如无法提供原件，提供复印件时，企事业单位应加盖公章	
		经办人办理时，需提供： ①经办人有效身份证明原件（包括身份证、军人证、护照、户口簿或公安机关户籍证明等）； ②授权委托书原件，非自然人办理时，提供法人的授权委托书（企事业单位应加盖公章），自然人办理，且户主有效身份证明材料为复印件的，应提供户主的授权委托书	委托代理人办理用电业务时必备
竣工检验（永久性减容）	竣工资料	①工程设计资质证书； ②装订成册的工程设计文件和说明	高压非普通客户且有工程的，在设计文件审核环节提供，且需经供电企业审核后施工，其他客户在竣工报验时提供
		①施工、试验单位资质证明材料； ②隐蔽工程的施工及试验记录	高压非普通客户，在中间检查环节提供；其他客户在竣工报验时提供
		①工程竣工图及说明； ②电气试验及保护整定调试记录； ③安全用具的试验报告； ⑤隐蔽工程的施工及试验记录； ④运行管理的有关规定和制度； ⑤值班人员名单及资格； ⑥供电企业认为必要的其他资料或记录	必备

注 1. 如无特殊说明，“客户申请所需资料”均指资料原件。
2. 减容恢复无受电工程设计文件送审、中间检查环节。
3. 与政府部门通过数据共享可获取的材料，免于提供。
4. 在办理其他电力业务时已经提交且尚在有效期内的材料，免于提供。

（2）方案答复：在受理用户变更用电申请后，供电公司将安排客户经理至现场勘查，并答复供电方案。

供电方案有效期自客户签收之日起一年内有效，用户应在供电方案有效期内开工建设客户受电工程，逾期不开工的，供电方案失效。如用户有特殊情况，需延长供电方案有效期，应当在有效期到期前10日（含到期日）向供电公司提出申请，供电公司将视情况为用户办理供电方案延期手续。

（3）工程实施：根据国家有关规定，产权分界点是供用电双方运行维护管理及安全责任范围的分界点。产权分界点及以上（电源侧）的线路等配电设施由供电方或政府出资、安装；产权分界点以下（用户侧）的用电设施由用电方出资、安装并归其所有。产权分界点由供电方和用电方在《供用电合同》中约定。

1）请用户在收到供电方案后，自主选择有相应资质的设计单位，根据供电方案答复单开展内部受电工程设计。重要电力客户在设计完成后，请及时提供设计单位资质证明材料、受电工程设计及说明书，一式两份送交供电企业，供电企业将在3个工作日内出具书面审核意见。重要电力客户受电工程的设计文件，未经供电企业审核同意，用户不得据以施工，否则，供电企业可以不予检验和接电。对于其他客户不实行设计审查，请用户在竣工检验时提交设计单位资质证明材料、受电工程设计及说明书。

2）请用户自主选择有相应资质的施工单位开展受电工程施工。重要电力客户在电缆管沟（井）、暗敷管线、接地装置埋设等隐蔽工程覆盖前，请及时向供电企业提出中间检查申请，供电企业将在2个工作日内答复检查意见；对于其他客户不实行中间检查，请用户在竣工检验时提交隐蔽工程施工、试验单位资质证明材料，施工及试验记录。

3）用户的受电工程竣工并自验收合格后，请用户携带竣工资料到供电营业窗口或在“网上国网”App办理竣工报验申请，供电公司将在3个工作日内组织竣工检验。对竣工检验中发现的问题，请用户按客户受电工程竣工检验意见单及时整改，整改完成后，重新到供电营业窗口或在“网上国网”App办理复验手续，直至检验合格。

（4）装表接电：在受电工程检验合格，并完成《供用电合同》（由供电公司代理购电的工商业用户还需签订《购售电合同》）及相关协议签订后，供电公司将在3个工作日内为用户装表接电。

3.1.3.6.3 受理要点

（1）减容必须是整台或整组变压器的停止或更换小容量变压器用电。根据客户提出的减容日期，对非永久性减容的用户设备进行加封，对永久性减容的用户受电设备进行拆除或调换。

（2）申请非永久性减容的，减容次数不受限制，每次减容时长不得少于15日，最长不得超过2年；2年内恢复的按照减容恢复办理。

（3）用户申请恢复用电时，容（需）量电费从减容恢复之日起按照恢复后的容（需）量计收；实际减容时长少于15天的，停用期间容（需）量电费正常收取；非永久性减容期满后未申请恢复的，供电企业可以延长减容期限，但距申请非永久性减容时间最多不超过2年，超过2年仍未申请恢复的，按照永久性减容办理。达到2年且经告知或者公告后，用户仍未办理减容恢复的，供电企业不再保留其容量使用权并按永久性减容或销户处理，后续用户需要恢复用电容量时，应当按照新装或增容手续办理。履行告知或者公告程序时，供电企业将通过直接送达、留置送达和公证送达等形式书面告知用户，无法告知的采取公告形式，自发出公告之日起，经过30天，即视为送达。

（4）申请永久性减容的，应当按照减容后的容量重新签订《供用电合同》及相关协议；永久性减少全部用电容量的，按照销户办理；办理永久性减容后需恢复用电容量的，按照新装或增容办理。

3.1.3.6.4 注意事项

客户咨询答复口径如下：

（1）自设备加封或拆除（调换）之日起，按照减容后的容量执行相应电价政策。工商业用户办理减容（恢复）业务后，用电容量在100kVA及以下的，执行单一制电价；100kVA（不含）~315kVA（不含）的，可选择执行单一制或两部制电价；315kVA及以上的，执行两部制电价，原执行单一制电价的一般工商业用户可选择执行单一制或两部制电价。其中，原为两部制电价用户，因减容后容量达不到相应标准执行或选择执行对应用电类别单一制电价的，不受单一制和两部制电价选择周期限制，减容恢复后，应继续执行两部制电价。

（2）按合约最大需量、实际最大需量计费的用户申请减容周期将以抄表结算周期为基本单位，起止时间应与抄表结算起止时间一致。最大需量合同确定值在下一个抄表结算周期生效。

（3）选择合约最大需量计费方式的用户减容后，最大需量合同核定值按照减容后总容量申报。电力用户用电最大需量超过合同确定值105%时，超过105%部分的基本电费加一倍收取；未超过合同确定值105%的，按合同确定值收取。申请最大需量核定值低于变压器容量和不通过该变压器的高压电动机容量总和的40%时，按容量总和的40%核定合同最大需量。

（4）选择实际最大需量方式的，按实际抄见最大需量值计收基本电费。

（5）对按合约最大需量、实际最大需量计费的两路及以上进线用户，同时使用的进线应分别计算最大需量，累加计收基本电费。

（6）根据《国家发展改革委关于第三监管周期省级电网输配电价及有关事项的通知》（发改价格〔2023〕526号）及《浙江省发展改革委关于转发〈国家发展改革委关于核定2023—2025年省级电网输配电价的通知〉》（浙发改价格〔2023〕139号）文件要求，选择执行需量电价计费方式的两部制用户，每月1kVA用电量达到260kWh及以上的，当月需量电价按核定标准的90%执行。

3.1.3.7 低压减容

3.1.3.7.1 业务说明

低压减容是指减少合同约定的用电容量的业务。

3.1.3.7.2 受理流程

受理流程图如图3–26所示。

图 3–26　受理流程图

（1）申请受理：用户根据客户申请所需资料清单（见表3–13）对应提供所需材料。

表 3–13　客户申请所需资料清单

业务环节	资料名称	资料说明	备注
申请受理	用电人有效身份证明材料	户主本人办理时，以下材料提供其一： ①居民身份证原件或临时身份证原件； ②户口簿原件； ③军官证或士兵证原件； ④台胞证原件； ⑤港澳通行证原件； ⑥外国护照原件； ⑦外国永久居留证（绿卡）原件； ⑧其他有效身份证明文书原件等	以自然人名义办理时必备
		法人代表办理时，提供以下材料提供： ①法人代表身份证； ②统一社会信用代码证（副本）原件或宗教活动场所登记证原件； 如无法提供原件，提供复印件时，企事业单位应加盖公章	以非自然人名义办理申请时必备。已提供加载统一社会信用代码的营业执照的，不再要求提供组织机构代码和税务登记证明

续表

业务环节	资料名称	资料说明	备注
申请受理	用电人有效身份证明材料	经办人办理时，需提供： ①经办人有效身份证明原件（包括身份证、军人证、护照、户口簿或公安机关户籍证明等）； ②授权委托书原件。非自然人办理时，提供法人的授权委托书（企事业单位应加盖公章）；自然人办理，且户主有效身份证明材料为复印件的，应提供户主的授权委托书	委托代理人办理用电业务时必备

注 1.如无特殊说明，“客户申请所需资料”均指资料原件。
2.减容无受电工程设计文件送审、中间检查环节。
3.与政府部门通过数据共享可获取的材料，免于提供。
4.在办理其他电力业务时已经提交且尚在有效期内的材料，免于提供。

（2）装表接电：客户经理上门完成现场勘察后，根据实际情况完成减容，如需换表，将同步做好表计更换服务。

3.1.3.7.3 受理要点

要点1：电价执行告知。

（1）工商业用户办理减容业务，业务办理后，用电容量在100kVA及以下的，执行单一制电价；100kVA（不含）~315kVA（不含）的，可选择执行单一制或两部制电价；对于执行两部制电价的，从减容之日起按照减容后的容（需）量计收。功率因数考核标准从减容之日起按照减容后的容量确定和计算。

（2）根据《国家发展改革委关于第三监管周期省级电网输配电价及有关事项的通知》（发改价格〔2023〕526号）及《浙江省发展改革委关于转发〈国家发展改革委关于核定2023—2025年省级电网输配电价的通知〉》（浙发改价格〔2023〕139号）文件要求，运行容量在100~315kVA之间执行工商业电价的用户，可选择执行单一制或两部制电价，选定后应在12个月之内保持不变，如需变更应提前15天申请办理，次月生效。不满1kV两部制工商业用户按1~10（20）kV两部制工商业用户输配电价标准执行。

3.1.3.7.4 注意事项

业务办理同时需同步重新签订《供用电合同》（由供电公司代理购电的工商业用户还需签订《购售电合同》）及相关协议。

3.1.3.8 改类

3.1.3.8.1 业务说明

存在以下情形的符合办理改类业务：（1）对同一受电设施内，因电力用途发生变化而引起电价类别、用电类别变化的，可以办理改类手续。（2）用户根据国家电价政策的规定，申请两部制电价、分时电价、阶梯电价等电价变更的，应当办理改类手续。

3.1.3.8.2 受理流程

受理流程图如图3–27所示。

图 3–27　受理流程图

（1）申请受理：用户根据客户申请所需资料清单（见表3–14）对应提供所需材料。

表 3–14　客户申请所需资料清单

业务环节	资料名称	资料说明	备注
申请受理	用电人有效身份证明	户主本人办理时，以下材料提供其一： ①居民身份证原件或临时身份证原件； ②户口簿原件； ③军官证或士兵证原件； ④台胞证原件； ⑤港澳通行证原件； ⑥外国护照原件； ⑦外国永久居留证（绿卡）原件； ⑧其他有效身份证明文书原件等	以自然人名义办理必备
		法人代表办理时，提供以下材料： ①法人代表身份证； ②统一社会信用代码证（副本）原件或宗教活动场所登记证原件。 如无法提供原件，提供复印件时，企事业单位应加盖公章	以非自然人名义办理申请时必备

续表

业务环节	资料名称	资料说明	备注
申请受理	用电人有效身份证明	经办人办理时，还需提供： ①经办人有效身份证明原件（包括身份证、军人证、护照、户口簿或公安机关户籍证明等）； ②授权委托书原件。非自然人办理时，提供法人的授权委托书（企事业单位应加盖公章）；自然人办理，且户主有效身份证明材料为复印件的，应提供户主的授权委托书	委托代理人办理用电业务时必备

注 1.如无特殊说明，“客户申请所需资料”均指资料原件。
2.与政府部门通过数据共享可获取的材料，免于提供。
3.在办理其他电力业务时已经提交且尚在有效期内的材料，免于提供。

（2）现场勘察：根据业务需要，供电公司客户经理将组织开展现场勘查，核实用户的实际用电情况。

（3）特抄或换表：拆回的电能计量装置将在表库存放一个月，以便有异议时查询。

3.1.3.8.3 受理要点

改类业务在办理过程中，营业窗口人员应掌握业务要点，根据客户交流情况及提供的相关材料，快速给出准确、合理的业务办理方案。

（1）相关电价政策按照立户时间区分执行。根据《国家发展改革委关于第三监管周期省级电网输配电价及有关事项的通知》（发改价格〔2023〕526号）、《浙江省发展改革委关于转发〈国家发展改革委关于核定2023—2025年省级电网输配电价的通知〉》（浙发改价格〔2023〕139号）文件要求，运行容量在100~315kVA之间执行工商业电价的用户，可选择执行单一制或两部制电价，选定后应在12个月之内保持不变，如需变更应提前15天申请办理，次月生效。用电容量在315kVA及以上执行工商业电价的用户，执行两部制电价。存量执行单一制电价的一般工商业用户增容至315kVA及以上的，可选择执行单一制或两部制；增容至315kVA及以上的大工业用户，应执行两部制电价。运行容量在315kVA及以上存量执行单一制电价的用户，选择执行两部制电价后，不能重新选回单一制单价。

（2）需要更改容（需）量电费计收方式的，办理改类-容（需）量电费计收方式变更业务。

3.1.3.8.4 注意事项

大工业用户（含选择执行大工业用电价格的商业用户）一律执行分时电价，自来水厂用电和污水处理厂及其泵站用电是否执行分时电价由用户自行选择，选择后在12个月之内应保持不变，电气化铁路可不执行分时电价。一般工商业及其他、农业生产用户可选择是否执行分时电价，选定后在12个月之内应保持不变。电动汽车充换电设施用电执行峰谷分时电价政策。

3.1.3.9 销户

3.1.3.9.1 业务说明

销户是指客户所在用电地址终止用电并与供电企业解除供用电关系的业务。销户应该停止全部用电容量的使用，查验电能计量装置完好性后，拆除所有与外部电网供电设备相连接的客户产权电气设备。

3.1.3.9.2 受理流程

受理流程图如图3–28所示。

图 3–28　受理流程图

（1）申请受理：按照客户申请所需资料清单（见表3–15）要求提供申请资料。如预判在销户结清电费后仍有电费余额的，请在申请时一并提交退费或费用互转相关资料。

表 3–15　客户申请所需资料清单

业务环节	资料名称	资料说明	备注
申请受理	用电人有效身份证明	户主本人办理时，以下材料提供其一： ①居民身份证原件或临时身份证原件； ②户口簿原件； ③军官证或士兵证原件； ④台胞证原件； ⑤港澳通行证原件； ⑥外国护照原件； ⑦外国永久居留证（绿卡）原件； ⑧其他有效身份证明文书原件等	以自然人名义办理必备

续表

业务环节	资料名称	资料说明	备注
申请受理	用电人有效身份证明	法人代表办理时，提供以下材料： ①法人代表身份证； ②统一社会信用代码证（副本）原件或宗教活动场所登记证原件。 如无法提供原件，提供复印件时，企事业单位应加盖公章	以非自然人名义办理申请时必备。已提供加载统一社会信用代码的营业执照的，不再要求提供组织机构代码和税务登记证明
		经办人办理时，还需提供： ①经办人有效身份证明原件（包括身份证、军人证、护照、户口簿或公安机关户籍证明等）； ②授权委托书原件。非自然人办理时，提供法人的授权委托书（企事业单位应加盖公章）；自然人办理，且户主有效身份证明材料为复印件的，应提供户主的授权委托书	委托代理人办理用电业务时必备
	用电地址权属证明	以下材料提供其一： ①房屋所有权证（不动产权证书）原件、国有土地使用证原件、乡村建设规划许可证原件或购房合同原件； ②租赁协议原件（还需同时提供承租户房屋所有权证复印件、国有土地使用证复印件或乡村建设规划许可证复印件）； ③含有明确房屋所有权判词且发生法律效力的法院法律文书（判决书、裁定书、调解书、执行书等）； 如无法提供原件，提供复印件时，企事业单位应加盖公章	
	预收电费余额退费材料	居民： ①原户主退费申请； ②收款账户信息（银行账户名、银行账号、银行开户行）； ③原户主身份证正反面复印件； ④非户主办理，还需提供授权委托书、经办人身份证正反面复印件。 非居民用户： ①原户主退费申请； ②收款账户信息（银行账户名、银行账号、银行开户行）； ③原户主营业执照复印件加盖公章，法人身份证正反面复印件； ④若由委托代理人办理，还需提供委托代理人身份证正反面复印件、委托代理书； ⑤若退至个人账户，需提供企业注销证明	销户已提供的资料，退费时免于提供

续表

业务环节	资料名称	资料说明	备注
申请受理	预收电费余额互转材料	居民： ①原户主同意预收转入新户的情况说明（需注明互转户号）； ②原户主身份证正反面复印件； ③非户主办理还需提供授权委托书、经办人身份证正反面复印件。 非居民用户： ①原户主同意预收转入新户的情况说明（需注明互转户号）； ②原户主营业执照复印件加盖公章，法人身份证正反面复印件； ③若由委托代理人办理，还需提供委托代理人身份证正反面复印件、委托代理书	销户已提供的资料，互转时免于提供

注 1. 如无特殊说明，"客户申请所需资料"均指资料原件。
2. 与政府部门通过数据共享可获取的材料，免于提供。
3. 在办理其他电力业务时已经提交且尚在有效期内的材料，免于提供。

（2）停电（计量设备拆除）：供电公司工作人员将按照预约时间，到现场进行停电并拆除计量设备，并查验电能计量装置完好性后，拆除接户线和电能计量装置，并抄录电能表示数。

（3）电费结清：请用户在接到电费交纳通知后，及时交纳电费。根据浙价资〔2012〕169号文件规定，居民用户销户，当年阶梯电量电费须按使用月份重新进行结算。如在结清电费后仍有电费余额的，将根据用户申请时提交的资料，直接给予办理退费或费用互转。

3.1.3.9.3 受理要点

销户业务在办理过程中，营业窗口人员应掌握业务要点，根据客户交流情况及提供的相关材料，快速给出准确、合理的业务办理方案。

销户时，应结清电费，居民用户销户，当年阶梯电量电费须按使用月份重新进行结算。若用户结清电费后仍有电费余额的，在申请时根据用户提交的退费或费用互转相关资料直接给予办理退费或费用互转。

3.1.3.9.4 注意事项

提醒客户受理销户申请后，根据业务需要，供电公司工作人员将按照预约时间，到现场进行停电，拆除计量设备并抄录电能表示数。同时，供电公司在销户过程中，业务存在纠纷或现场拆表受阻的，将终止销户流程，待客户办妥相关事宜后，重新申请。

在办理销户手续时，应在获得供电公司停电许可的情况下，委托有资质的施工单位拆尽所有与外部电网供电设备相连接的客户产权电气设备。用户应当配合供电企业停电，拆除分界设备、接户线和电能计量装置，消除安全隐患。

3.1.3.10 校验电能表、互感器

3.1.3.10.1 业务说明

“校验电能表、互感器”是指客户对有疑问的电能表、互感器等计量设备向供电企业提出校验申请的业务。客户可申请现场校验或者非现场校验。

校验后若客户的计费电能表误差超出国家允许范围，供电公司将按照国家规定与客户协商退补电量电费。若对检验结果有异议，客户可向上级计量检定机构申请检定。在申请验表期间，电费仍应按期交纳，验表结果确认后，再行电费退补。

3.1.3.10.2 受理流程

受理流程图如图3–29所示。

图 3–29　受理流程图

（1）申请受理：按照客户申请所需资料清单（见表3–16）要求提供申请资料。经用户授权从政府数据平台调取的证照，无须重复提供。已有客户资料或资质证件尚在有效期，无须再次提供。

表 3–16　客户申请所需资料清单

业务环节	资料名称	资料说明	备注
申请受理	用电人有效身份证明	户主本人办理时，以下材料提供其一： ①居民身份证原件或临时身份证原件； ②户口簿原件； ③军官证或士兵证原件； ④台胞证原件； ⑤港澳通行证原件； ⑥外国护照原件； ⑦外国永久居留证（绿卡）原件； ⑧其他有效身份证明文书原件等	以自然人名义办理

续表

业务环节	资料名称	资料说明	备注
申请受理	用电人有效身份证明	法人代表办理时，提供以下材料： ①法人代表身份证； ②统一社会信用代码证（副本）原件或宗教活动场所登记证原件。 如无法提供原件，提供复印件时企事业单位应加盖公章	以非自然人名义办理时必备
		经办人办理时，还需提供： ①经办人有效身份证明原件（包括身份证、军人证、护照、户口簿或公安机关户籍证明等）； ②授权委托书原件。非自然人办理时，提供法人的授权委托书（企事业单位应加盖公章）；自然人办理，且户主有效身份证明材料为复印件的，应提供户主的授权委托书	委托代理人办理用电业务时必备

注 1.如无特殊说明，"客户申请所需资料"均指资料原件。
2.与政府部门通过数据共享可获取的材料，免于提供。
3.在办理其他电力业务时已经提交且尚在有效期内的材料，免于提供。

（2）现场服务：供电公司将安排工作人员按约定时间至现场校验，若用户不认可现场校验结论，将为用户现场更换新表，并将拆回表计送至供电公司质量监督管理局授权的实验室校验，若用户不认可实验室检定结论，将在用户签订《共同送检协议书》的情况下为用户送检有资质的外部检定机构。请用户在拆表时确认电能表的状况及当前电能表止度，必要时，请安排人员在家等候，否则供电公司将无法承诺时限完成用户的校验申请。

（3）校验结果处理：根据用户提交的电能计量装置校验申请，非现场校验供电公司将按照国家有关规定在5个工作日内出具《电能表校验结果通知书》。用户可以登录"网上国网"App查看，如需纸质通知书，用户可携带有效身份证件到原供电营业窗口自取或选择邮寄至预留的地址。

3.1.3.10.3 受理要点

"校验电能表、互感器"业务在办理过程中，营业窗口人员应掌握业务要点，根据客户交流情况及提供的相关材料，快速给出准确、合理的业务办理方案。客户申请校验时，需注意客户提出需要校验的设备是否属于供电公司资产，如果是客户资产，需要客户自行寻找有资质的部门校验。

3.1.3.10.4 注意事项

（1）如用户的计费电能表误差超出国家允许范围，供电公司将按照国家规定与用户协商退补电量电费。

（2）如对检验结果有异议，用户可向有资质的计量检定机构申请检定。在申请验表期间，用户的电费仍应按期交纳，验表结果确认后，再进行电费退补。

3.1.3.11 改类－容（需）量电费计收方式变更

3.1.3.11.1 业务说明

“改类－容（需）量电费计收方式变更”分为以下三种情况：

（1）按变压器容量改为按合约最大需量或按实际最大需量计费。

（2）按合约最大需量改为按变压器容量、按实际最大需量改为按变压器容量、按实际最大需量改为按合约最大需量、按合约最大需量改为按实际最大需量计费。

（3）变更合约最大需量值。

3.1.3.11.2 受理流程

（1）按变压器容量改为按合约最大需量或按实际最大需量计费流程。受理流程图如图3-30所示。

图 3-30　受理流程图

（2）按合约最大需量改为按变压器容量、按实际最大需量改为按变压器容量、按实际最大需量改为按合约最大需量、按合约最大需量改为按实际最大需量计费流程。受理流程图如图3-31所示。

图 3-31　受理流程图

（3）合约最大需量值变更流程。受理流程图如图3-32所示。

图 3-32　受理流程图

申请受理：用户根据客户申请所需资料清单（见表3-17）对应提供所需材料。

表 3-17 客户申请所需资料清单

业务环节	资料名称	资料说明	备注
申请受理	用电人有效身份证明材料	户主本人办理时，以下材料提供其一： ①居民身份证原件或临时身份证原件； ②户口簿原件； ③军官证或士兵证原件； ④台胞证原件； ⑤港澳通行证原件； ⑥外国护照原件； ⑦外国永久居留证（绿卡）原件； ⑧其他有效身份证明文书原件等	以自然人名义办理时必备
		法人代表办理时，提供以下材料： ①法人代表身份证； ②统一社会信用代码证（副本）原件； 如无法提供原件，提供复印件时企事业单位应加盖公章	以非自然人名义办理时必备
		经办人办理时，还需提供： ①经办人有效身份证明原件（包括身份证、军人证、护照、户口簿或公安机关户籍证明等）； ②授权委托书原件，非自然人办理时，提供法人的授权委托书（企事业单位应加盖公章）；自然人办理，且户主有效身份证明材料为复印件的，应提供户主的授权委托书	委托代理人办理用电业务时必备

注 1. 如无特殊说明，“客户申请所需资料”均指资料原件。
2. 与政府部门通过数据共享可获取的材料，免于提供。
3. 在办理其他电力业务时已经提交且尚在有效期内的材料，免于提供。

3.1.3.11.3 受理要点

“基本电价计费方式变更”业务在办理过程中，营业窗口人员应掌握业务要点，根据客户交流情况及提供的相关材料，快速给出准确、合理的业务办理方案。

要点：基本电价计费方式变更周期。

基本电价计费方式以三个月为一个变更周期。用户可提前5天向供电企业申请变更下一周期的基本电价计费方式。

3.1.3.11.4 注意事项

（1）基本电费可按变压器容量计算、按合约最大需量或按实际最大需量计算，由用户自主选择。

（2）按合约最大需量结算基本电费的，最大合约需量合同确定值按月变更，用户可在每月25日前申请变更下一个月（抄表结算周期）的最大合约需量合同确定值，也可将当年每个月不同的合约最大需量值一次申请、确认；用户未申请变更的，将按上一个月确定的合约最大需量值进行计算，直至用户变更为止。

（3）选择合约最大需量方式的，电力用户用电最大需量超过合同确定值105%时，超过105%部分的基本电费加一倍收取；未超过合同确定值105%的，按合同确定值收取。申请最大需量核定值低于变压器容量和不通过该变压器的高压电动机容量总和（不含已办理减容、暂停业务的容量）的40%时，按容量总和的40%核定合同最大需量。

（4）选择实际最大需量方式的，按实际抄见最大需量值计收基本电费。

（5）对按合约最大需量、实际最大需量计费的两路及以上进线用户，同时使用的进线应分别计算最大需量，累加计收基本电费。

（6）根据《国家发展改革委关于第三监管周期省级电网输配电价及有关事项的通知》（发改价格〔2023〕526号）及《浙江省发展改革委关于转发〈国家发展改革委关于核定2023—2025年省级电网输配电价的通知〉》（浙发改价格〔2023〕139号），选择执行需量电价计费方式的两部制用户，每月1kVA用电量达到260kWh及以上的，当月需量电价按核定标准的90%执行。

3.1.3.12 社会救助对象优惠用电业务

3.1.3.12.1 业务说明

“社会救助对象优惠用电”是指自2021年1月1日起，对最低生活保障家庭、最低生活保障边缘家庭和特困人员分散供养对象（简称社会救助对象）家庭实行每户每月15kWh的免费用电基数政策。

社会救助对象资格由民政部门负责认定和取消，供电公司以民政部门认定的结果为执行依据。

社会救助对象自民政部门批准的起始月份起享受优惠用电政策（但不早于2021年1月），至被取消社会救助对象资格的次月起停止执行。

3.1.3.12.2 受理流程

受理流程图如图3–33所示。

图3–33　受理流程图

申请受理：按照客户申请所需资料清单（见表3–18）要求提供申请资料。

表 3-18　客户申请所需资料清单

业务环节	用户类型	资料名称	资料说明	备注
申请受理	社会救助对象家庭成员	用电人有效身份证明材料	社会救助对象户主有效身份证明原件（包括身份证、军人证、护照、户口簿或公安机关户籍证明等）	
			①经办人有效身份证明原件（包括身份证、军人证、护照、户口簿或公安机关户籍证明等）； ②授权委托书原件，社会救助对象户主有效身份证明材料为复印件的，应提供社会救助对象的授权委托书	委托代理人办理用电业务时必备
		社会救助证明	民政部门颁发的社会救助证明原件	授权通过大救助平台调取的，无须提供
		享受优惠的用电户信息	享受优惠用电的电力户号	近期电费发票或电量电费通知短信、“网上国网”App中均有显示
	集中供养的社会救助对象	用电人有效身份证明材料	集中供养的社会救助对象名册 ①集中供养单位的授权委托书原件； ②经办人有效身份证明原件（包括身份证、军人证、护照、户口簿或公安机关户籍证明等）	委托代理人办理用电业务时必备
		社会救助证明	民政部门颁发的社会救助证明原件	授权通过大救助平台调取的，无需提供
		享受优惠的用电户信息	享受优惠用电的电力户号	近期电费发票或电量电费通知短信、“网上国网”App中均有显示

3.1.3.12.3 受理要点

社会救助对象优惠用电业务在办理过程中，营业窗口人员应掌握业务要点，根据客户交流情况及提供的相关材料，快速给出准确、合理的业务办理方案。

要点1：免费用电登记手续办理。

（1）供电公司深入推进困难群众救助“一件事”“最多跑一次”改革，用户在当地民政部门办理社会救助对象认定或取消时，经用户选择同意后，信息自动推送至供电公司业务系统，对符合条件的自动办理免费用电基数申请业务。若用户的用电信息不全，并通过联系沟通仍无法确认的，需要用户持相关证件材料到供电营业窗口或在“网上国网”App、“浙里办”App提交申请。

（2）集中供养的社会救助对象免费用电基数申请手续由集中供养单位统一申请办理。

（3）对租赁他人房屋的社会救助对象家庭，在办理免费用电基数申请手续前，应与房东就优惠用电对应的电费处理事宜达成一致。

（4）合表用电的社会救助对象，在办理免费用电基数申请手续前，应与合表下其他用户就免费用电对应的电费处理事宜达成一致。

（5）社会救助对象实际用电地址发生变更后，如需调整享受15kWh免费用电政策地址，可携带相关资料到供电营业窗口或在“网上国网”App、“浙里办”App办理变更手续。新址用户从变更后的首期电费结算起享受免费电量基数，原址用户同时停止享受。

要点2：优惠用电对应电费的减免与返还。

（1）社会救助对象免费用电政策自审核通过后当月起生效，每月电费结算时直接从其对应享受优惠的用电户当期电费中减免免费用电量对应的电费。当期实际用电量不足当期免费用电基数的，当期实际用电量即为当期免费用电量，不足部分不结转到下一期。

（2）符合条件的社会救助对象，其办理免费用电基数申请前可享受的免费用电对应的电费，由供电公司在办理申请时一次性退还至用户电费账户，用于抵扣电费。

3.1.3.12.4 注意事项

提醒对租住他人房屋的社会救助对象客户，在办理免费用电基数申请手续前，应与房东就优惠用电对应的电费处理事宜达成一致。合表用电的社会救助对象客户，在办理免费用电基数申请手续前，应与合表下其他用户就免费用电对应的电费处理事宜达成一致。

3.1.4. 新型业务

3.1.4.1 代理购电

3.1.4.1.1 业务说明

代理购电是对暂未直接从电力市场购电的工商业用户，由电网企业以代理方式从电力市场进行购电。

按照《国家发展改革委关于进一步深化燃煤发电上网电价市场化改革的通知》（发改价格〔2021〕1439号）、《国家发展改革委办公厅关于组织开展电网企业代理购电工作有关事项的通知》（发改办价格〔2021〕809号），取消工商业目录销售电价，推进工商业用户进入电力市场。对暂未直接从电力市场购电的工商业用户，由电网企业以代理方式从电力市场进行购电。

国家要求有序推动工商业用户全部进入电力市场，按照市场价格购电，对于已参与市场交易在无正当理由下改为电网企业代理购电的用户，其价格按电网企业代理其他用户购电价格的1.5倍执行。

3.1.4.1.2 受理流程

根据选择服务对象的不同，受理流程不同，具体如下：

（1）对于选择进入市场的工商业用户，根据政府文件公布时间起可选择向发电企业或售电公司购电。向发电企业购电的用户可通过电力交易平台（http：//zjpx.com.cn/）进行市场注册。

（2）仍由供电公司代理购电的工商业用户，可在每季度最后15日前选择下一季度起直接参与市场交易。可在“网上国网”App、供电营业厅等渠道，签订《代理购电合同》。

3.1.4.1.3 受理要点

要点1：工商业用户、公益性事业用户、高耗能用户和拥有燃煤自备电厂的用户的判别。

工商业用户：是指除居民（含执行居民电价的学校、社会福利机构、社区服务中心等公益性事业用户）和农业生产外，原执行大工业用电电价、一般工商业及其他用电电价的用户。公益性事业用户是指执行居民电价的学校、社会福利机构、社区服务中心等用户。高耗能用户和拥有燃煤自备电厂的用户以政府主管部门相关规定及认定为准。

要点2：电网企业代理购电用户执行电价和组成。

电网企业会在每月末3日前，通过供电营业厅等线上、线下服务渠道，公布下一结算周期电网企业代理购电用户的测算电价水平及构成，电网企业代理购电用户按照公布的电价执行。电网企业代理购电用户电价由代理购电价格、输配电价、政府性基金及附加组成。其中，代理购电价格是根据电力市场交易情况，按照政府规定的方式计算形成。基本电费等仍按国家政策规定和《供用电合同》执行。

3.1.4.1.4 注意事项

在规定时限内，未直接参与市场交易、也未签订《代理购电合同》的用户，默认由国网浙江省电力有限公司代理购电。

3.1.4.2 自用充换电设施

3.1.4.2.1 业务说明

本业务是适用于电压等级为220/380V的低压用户充电桩的装表接电申请。居民自用充换电设施全面推行低压“三零”（零上门、零审批、零投资）服务。

3.1.4.2.2 受理流程

受理流程图如图3-34所示。

图 3-34　受理流程图

（1）申请签约：按照客户申请所需资料清单（见表3-19）要求提供申请资料。

表 3-19　客户申请所需资料清单

业务环节	资料名称	资料说明	备注
用电申请	用电人有效身份证明材料	户主本人办理时，以下材料提供其一： ①居民身份证原件或临时身份证原件； ②户口簿原件； ③军官证或士兵证原件； ④台胞证原件； ⑤港澳通行证原件； ⑥外国护照原件； ⑦外国永久居留证（绿卡）原件； ⑧其他有效身份证明文书原件等	以自然人名义办理时必备
		法人代表办理时，提供以下材料： ①法人代表身份证； ②统一社会信用代码证（副本）原件或宗教活动场所登记证原件； 如无法提供原件，提供复印件时，企事业单位应加盖公章	以非自然人名义办理时必备。已提供加载统一社会信用代码的营业执照的，不再要求提供组织机构代码和税务登记证明

续表

业务环节	资料名称	资料说明	备注
用电申请		电动汽车购车意向协议或购车发票、电动汽车行驶证	当电动汽车购车意向协议或购车发票、电动汽车行驶证与用电人不一致时，需提供用电人的车辆使用证明
	用电人有效身份证明材料	经办人办理时，还需提供： ①经办人有效身份证明原件（包括身份证、军人证、护照、户口簿或公安机关户籍证明等）； ②授权委托书原件，非自然人办理时，提供法人的授权委托书（企事业单位应加盖公章）；自然人办理，且户主有效身份证明材料为复印件的，应提供户主的授权委托书	委托代理人办理用电业务时必备
	用电地址物权证明材料	以下材料提供其一： ①固定车位所有权证明； ②固定车位1年以上（含1年）使用权证明或车位使用权转让协议； ③在别墅、自建房等附属车位建桩，可使用房屋产权证明、宅基地证明替代固定车位权属证明； ④由物业、业委会、乡镇街道、社区居委会或村委会等单位出具盖章确认的车位使用权证明（一年以上使用权）	如果您提供的是车位租赁证明或车位使用权转让协议，还需要同时提供出租方车位产权证明复印件
装表接电	同意安装充电桩证明	其他产权方或管理方（如业委会、村委会、社区、街道、物业等）出具的“同意安装充电桩”证明	工程实施时，发现存在开挖、掘路等需其他产权方或管理方配合配套工程实施的情况

注 1. 如无特殊说明，“客户申请所需资料”均指资料原件。
2. 与政府部门通过数据共享可获取的材料，免于提供。
3. 在办理其他电力业务时已经提交且尚在有效期内的材料，免于提供。

（2）装表接电：充电桩接电工程实施时，如遇需其他产权方或管理方配合实施的情况，请提供产权方或管理方同意安装充电桩证明。

3.1.4.2.3 受理要点

要点1：自用充换电设施出资界面。

计费电能表的出线端处为双方产权分界点，产权分界点及以上（电源侧）的线路等配电设施和计量装置（含表箱）由供电方出资、安装并归其所有；产权分界点以下（用户侧）的用电设施由用电方出资、安装并归其所有。

要点2：自用充换电设施宜开通峰谷电价。

建议用户选择开通峰谷电，以浙江地区为例，峰时段（8：00—22：00）电价为0.588元/kWh，谷时段[22：00—8：00（次日）]电价为0.308元/kWh。每个地区办理应以当地实际情况为准。

要点3：核验办理材料合规性。

自用充换电设施业务办理时，需将申请材料（用电人有效身份证明材料、用电地址物权证明材料）提供完整方能进行受理。当电动汽车购车意向协议或购车发票、电动汽车行驶证与用电人不一致时，还需提供用电人的车辆使用证明；当提供的是车位租赁证明或车位使用权转让协议时，还需要同步提供出租方车位产权证明复印件。

3.1.4.2.4 注意事项

根据《电动汽车充电站设计规范》（GB 50966—2014）、《民用建筑电气设计标准》（GB 51348—2019）和《民用建筑电动汽车充电设施配置与设计规范》（DB 33/1121—2016）的相关规定，自用充电桩原则上仅限报装交流充电桩，供电电源应采用单相、交流220V电压，单户报装容量不应超过10kW，如国家标准有所调整，以最新规定进行调整。

提供充电桩标签、投资主体相关信息；充电设施类型、运营商、所在区域信息；充电桩编号、型号、额定电压、输出电流、生产厂商等相关信息。

3.1.4.3 公用充换电设施（高压、低压）

3.1.4.3.1 业务说明

公用充换电设施主要分高压与低压两种业务类型，对报装容量在160kW及以下的用户采用低压方式供电并全面推行低压“三零”（零上门、零审批、零投资）服务。对报装容量在160kW以上的用户采用高压方式供电并全面推行高压“三省”（省力、省时、省钱）服务。

3.1.4.3.2 受理流程

1.低压公用充换电设施流程

受理流程图如图3-35所示。

图 3-35　受理流程图

（1）申请受理：按照客户申请所需资料清单（见表3–20）要求提供申请资料。业务受理后，供电公司工作人员将与用户预约现场服务时间，用户做好相关准备工作。

表3–20　客户申请所需资料清单

业务环节	资料名称	资料说明	备注
申请受理	用电人有效身份证明材料	自然人办理时，提供以下材料： ①居民身份证原件或临时身份证原件，或户口簿原件、军官证或士兵证原件、台胞证原件、港澳通行证原件、外国护照原件、外国永久居留证（绿卡）原件等有效身份证明文书原件等； ②政府职能部门有关充电基础设施项目批复或备案文件	以自然人名义办理时必备
		法人代表办理时，提供以下材料： ①法人代表身份证； ②统一社会信用代码证（副本）原件； ③政府职能部门有关充电基础设施项目批复或备案文件； 如无法提供原件，提供复印件时企事业单位应加盖公章。 对于直接向供电企业申请报装的电动自行车充电设施，申请时应提供用电人有效身份证明	经营性充电设施，统一社会信用代码证应包含充电设施运营服务等经营范围
		经办人办理时，还需提供： ①经办人有效身份证明原件（包括身份证、军人证、护照、户口簿或公安机关户籍证明等）； ②授权委托书原件，非自然人办理时，提供法人的授权委托书（企事业单位应加盖公章）；自然人办理，且户主有效身份证明材料为复印件的，应提供户主的授权委托书	经办人办理时必备
	用电地址物权证明材料	以下材料提供其一： ①固定车位所有权证明或所有权单位使用权证明（一年及以上使用权）； ②由物业、业委会、乡镇街道、社区居委会或村委会等单位出具盖章确认的固定车位使用权证明（一年以上使用权）	如果用户提供的是车位租赁证明，还需要同时提供出租方车位产权证明复印件

备注： 1.如无特殊说明，“客户申请所需资料”均指资料原件。
2.与政府部门通过数据共享可获取的材料，免于提供。
3.在办理其他电力业务时已经提交且尚在有效期内的材料，免于提供。

（2）装表接电：业务受理后，供电公司将在10天内装表接电。

2.高压公用充换电设施流程

受理流程图如图3–36所示。

图 3-36 受理流程图

（1）申请受理：按照客户申请所需资料清单（见表3-21）要求提供申请资料。业务受理后，供电公司工作人员将与用户预约现场服务时间，请用户做好相关准备工作。

表 3-21 客户申请所需资料清单

业务环节	资料名称	资料说明	备注
申请受理	用电人有效身份证明材料	自然人办理时，提供以下材料： ①居民身份证原件或临时身份证原件，或户口簿原件、军官证或士兵证原件、台胞证原件、港澳通行证原件、外国护照原件、外国永久居留证（绿卡）原件等有效身份证明文书原件等； ②政府职能部门有关充电基础设施项目批复或备案文件	以自然人名义办理时必备
		法人代表办理时，提供以下材料： ①法人代表身份证原件； ②统一社会信用代码证（副本）原件； ③政府职能部门有关充电基础设施项目批复或备案文件； 如无法提供原件，提供复印件时，企事业单位应加盖公章	经营性充电设施，统一社会信用代码证应包含充电设施运营服务等经营范围
		经办人办理时，还需提供： ①经办人有效身份证明原件（包括身份证、军人证、护照、户口簿或公安机关户籍证明等）； ②授权委托书原件，非自然人办理时，提供法人的授权委托书（企事业单位应加盖公章）；自然人办理，且户主有效身份证明材料为复印件的，应提供户主的授权委托书	经办人办理时必备
	用电地址物权证明材料	以下材料提供其一： ①固定车位所有权证明或所有权单位使用权证明（1年及以上使用权）； ②由物业、业委会、乡镇街道、社区居委会或村委会等单位出具盖章确认的固定车位使用权证明（一年以上使用权）	如果用户提供的是车位租赁证明，还需要同时提供出租方车位产权证明复印件

续表

业务环节	资料名称	资料说明	备注
竣工检验	竣工资料	①工程设计资质证书； ②装订成册的工程设计文件和说明	高压非普通客户且有工程的，在设计文件审核环节提供，且需经供电企业审核后施工。其他客户在竣工报验时提供
		①施工、试验单位资质证明材料； ②隐蔽工程的施工及试验记录	高压非普通客户，在中间检查环节提供；其他客户在竣工报验时提供
		①工程竣工图及说明； ②电气试验及保护整定调试记录； ③安全用具的试验报告； ⑤隐蔽工程的施工及试验记录； ④运行管理的有关规定和制度； ⑤值班人员名单及资格； ⑥供电企业认为必要的其他资料或记录	必备

注 1.如无特殊说明，“客户申请所需资料”均指资料原件。
2.与政府部门通过数据共享可获取的材料，免于提供。
3.在办理其他电力业务时已经提交且尚在有效期内的材料，免于提供。

（2）方案答复：在受理用户用电申请后，供电公司将按约定时间至现场查勘供电条件，在受理后10个工作日内（双电源客户20个工作日）答复供电方案。

供电方案有效期自客户签收之日起一年内有效，用户应当在有效期内依据供电方案开工建设受电工程，逾期不开工的，供电方案失效。如用户有特殊情况，需延长供电方案有效期，应当在有效期到期前10日（含到期日）向供电公司提出申请，供电公司将视情况为用户办理供电方案延期手续。

（3）工程实施：根据国家有关规定，产权分界点是供用电双方运行维护管理及安全责任范围的分界点。产权分界点及以上（电源侧）的线路等配电设施由供电方或政府出资、安装；产权分界点以下（用户侧）的用电设施由用电方出资、安装并归其所有。产权分界点由供电方和用电方在《供用电合同》中约定。

1）请用户在收到供电方案后，自主选择有相应资质的设计单位，根据供电方案答复单开展内部受电工程设计。重要电力客户在设计完成后，请及时提供设计单位资质证明材料、受电工程设计及说明书，一式两份送交供电企业，供电企业将在3个工作日内出具书面审核意见。对于其他客户不实行设计审查，请用户在竣工检验时提交设计单位资质证明材料、受电工程设计及说明书。

2）请用户自主选择有相应资质的施工单位开展受电工程施工。重要电力客户在电缆管沟（井）、暗敷管线、接地装置埋设等隐蔽工程覆盖前，请及时通知供电公司进行中间检查，供电公司将在2个工作日内答复检查意见；对于其他客户不实行中间检查，请用户在竣工检验时提交隐蔽工程施工、试验单位资质证明材料，施工及试验记录。

3）用户的受电工程竣工并自验收合格后，请用户携带竣工资料到供电营业窗口或在“网上国网”App办理竣工报验申请，供电公司将在3个工作日内组织竣工检验。对竣工检验中发现的问题，请用户按客户受电工程竣工检验意见单及时整改，整改完成后重新到供电营业窗口或在“网上国网”App办理复验手续，直至检验合格。

（4）装表接电：在受电工程检验合格，结清营业费用，并完成《供用电合同》（由供电公司代理购电的工商业用户还需签订《购售电合同》）及相关协议签订后，供电公司将在3个工作日内为用户装表接电。

3.1.4.3.3 受理要点

要点1：核验办理材料合规性。

客户提供的统一社会信用代码证应包含充电设施运营服务等经营范围；应提供政府职能部门有关充电基础设施项目批复或备案文件。

要点2：高压公用充换电设施出资界面。

产权分界点及以上（电源侧）的线路等配电设施由供电方或政府出资、安装；产权分界点以下（用户侧）的用电设施由用电方出资、安装并归其所有。产权分界点由供电方和用电方在《供用电合同》中约定。

要点3：高压公用充换电设施办理注意事项。

（1）高压公用充换电设施业务相对复杂，需要供电公司与用户高度联动，受理人员根据业务办理告知书做好用户业务申请受理工作。受理时，如遇到客户提交资料超出业务办理告知书范围，应及时上报班组管理人员进一步甄别判断。

（2）电力分担机制执行主动提醒事项：对2021年3月1日后，通过出让或划拨取得土地使用权的城镇规划建设用地范围内项目，建立政府、供电企业共同承担的电力接入工程费用分担机制，具体执行参照各地文件要求。如客户进一步问询，及时联系项目责任客户经理进一步解答。

（3）客户应自行寻找和委托有资质的设计、施工和设备材料供应单位。相关信息可登录“网上国网”App、全国建筑市场监管公共服务平台（http://jzsc.mohurd.gov.cn/home）查询。受理人员应主动提供查询网址和高压受电工程典型设计供客户查询和询价参考。

3.1.4.3.4 注意事项

（1）对申请新装及增加用电容量的两路及以上多回路供电（含备用电源、保安电源）用电户，除供电容量最大的供电回路外，对其余供电回路按文件规定收取高可靠性供电费用。

（2）用户可自由选择是否进入电力市场，向发电企业或售电公司购电。向发电企业购电的用户可通过电力交易平台（http://zjpx.com.cn）进行市场注册。由供电公司代理购电的工商业用户，可在每季度最后15日前选择下一季度起直接参与市场交易。已直接参与市场交易在无正当理由情况下改由电网企业代理购电的用户，交易电价为电网企业代理购电交易价格的1.5倍。

（3）根据《国家发展改革委　国家能源局关于加快推进充电基础设施建设　更好支持新能源汽车下乡和乡村振兴的实施意见》（发改综合〔2023〕545号），到2030年前，对实行两部制电价的集中式充换电设施用电免收需量（容量）电费。

（4）电动自行车报装充换电设施的，需在装表接电前提供消防验收合格意见。

3.1.4.4 自然人分布式光伏并网服务

3.1.4.4.1 业务说明

分布式光伏并网服务是指居民客户利用建筑屋顶及附属场地建设分布式光伏发电项目，以相应电压等级接入电网的光伏电源新装业务。

3.1.4.4.2 受理流程

受理流程图如图3–37所示。

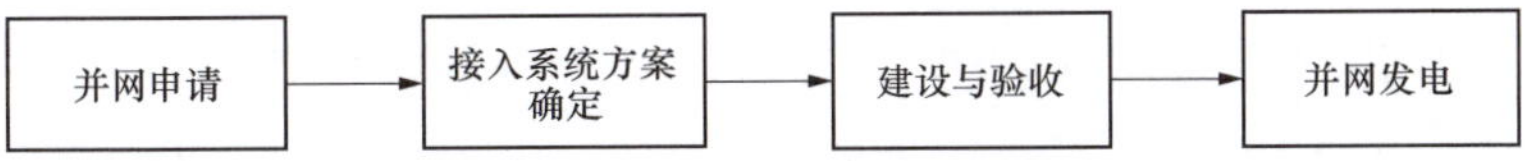

图 3–37　受理流程图

（1）并网申请：请用户按照自然人分布式光伏客户申请所需资料清单（见表3–22）要求提供申请资料。

表 3-22 自然人分布式光伏客户申请所需资料清单

业务环节	序号	资料名称	备注
业务受理	1	自然人有效身份证明：身份证、军人证、护照、户口簿或公安机关户籍证明	
	2	房屋产权证明或其他证明文书： ①《房屋所有权证》《国有土地使用证》或《集体土地使用证》； ②《购房合同》； ③含有明确房屋产权判词且发生法律效力的法院法律文书（判决书、裁定书、调解书、执行书等）； ④若属农村用房等无房屋产权证或土地证的，可由村委会或居委会出具房屋归属证明	提供其中一项
	3	经办人有效身份证明文件及委托书原件	委托代理人办理
	4	①关于同意××居民家庭申请安装分布式光伏发电的项目同意书； ②关于同意××居民家庭申请分布式光伏发电的项目开工的许可意见	使用公共区域（住宅小区）建设分布式光伏提供
并网验收申请	1	验收和调试申请表：自然人光伏项目并网验收和调试申请表	
	2	主要电气设备一览表	
	3	光伏组件、逆变器等主要产品的检测认证证书及产品技术参数（由国家认监委批准的认证机构出具）；低压配电箱柜、断路器、闸刀、电缆等低压电气设备中国强制性产品认证（3C认证）证书	
	4	光伏发电系统安装验收和调试报告	
	5	安装单位、试验单位的资质证明（承装（修、试）电力设施许可证）	容量在400kW以上的项目施工需提供

注 如无特殊说明，“客户申请所需资料”均指资料原件。

供电公司为分布式光伏项目业主提供并网申请和咨询服务，并设立分布式光伏并网专柜，为用户提供接入系统方案编制和咨询服务。用户在收齐相关资料后，可到营业厅或通过“网上国网”App直接办理并网申请。

（2）接入系统方案确定：受理用户的申请后，供电公司将按照与用户约定的时间至现场查勘接入条件，并在15个工作日内答复接入系统方案。用户确认的接入系统方案等同于接入电网意见函。

（3）建设与验收：请用户按照供电公司答复的接入系统方案进行建设。应委托有施工资质的单位进行安装。工程竣工后，请用户及时报验，供电公司自受理并网验收与并网调试申请后，在5个工作日内完成电能计量装置安装、发用电合同等相关合同签署，和组织并网验收及调试工作。对并网验收合格的，出具并网验收意见；对并网验收不合格的，提出整改方案。

（4）并网发电：并网验收及调试通过后，分布式发电项目并网运行。

3.1.4.4.3 受理要点

（1）使用公共区域（住宅小区）建设分布式光伏的，应取得项目开工许可或同意书。

（2）因接入分布式光伏导致居民用电户超容的应先办理低压居民增容。

（3）对于自发自用余电上网类项目，受理人员应根据客户提供信息，关联正确的用电户号。

3.1.4.4.4 注意事项

（1）由用户出资建设的分布式光伏及其接网工程，其设计单位、施工单位及设备材料供货单位由用户自主选择和委托。

（2）供电公司为用户提供自然人光伏项目上网电费结算和政府补贴资金转付服务，并依据电量结算单和发票进行结算。

（3）为顺利完成结算支付，请用户在并网申请时提供用于结算支付的开户银行、账户名称和账号。

（4）供电公司在并网及后续结算服务中，不收取任何服务费用。对于自然人分布式光伏发电项目，供电公司将免费代用户向政府能源主管部门进行备案。

（5）光伏并网开关应具备易操作、具有明显开断指示和开断故障电流的功能。当公共电网断电时，开关应断开；当公共电网恢复供电时，开关应自动合上。

（6）光伏发电系统经电网企业验收合格后可投入运行，未经电网企业许可，不得擅自变更接线方式或对光伏发电系统进行改（扩）造。

（7）当公共电网断电或家庭内部电气设备发生故障时，请第一时间确认光伏并网开关是否在分闸位置，如果不是，应手动断开光伏并网开关。当公共电网恢复送电时，应待所有的用电设备恢复正常后，确认光伏并网开关是否在合闸位置，如果不是，应手动合上光伏并网开关。

（8）光伏发电系统运维检修宜委托光伏发电系统专业运维单位或安装单位，专业运维单位或安装单位的作业人员应具备相应资质。

3.1.4.5 非自然人分布式光伏并网服务

3.1.4.5.1 业务说明

非自然人分布式光伏并网服务是指企事业客户利用建筑屋顶及附属场地建设分布式光伏发电项目，以相应电压等级接入电网的光伏电源新装业务。

3.1.4.5.2 受理流程

受理流程图如图3–38所示。

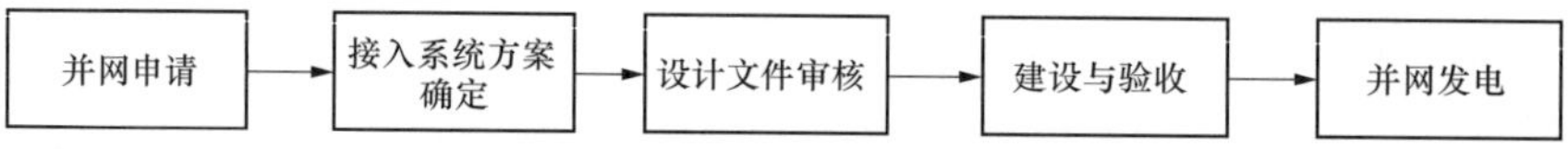

图 3–38 受理流程图

（1）并网申请：请用户按照非自然人分布式光伏客户申请所需资料清单（见表3–23）要求提供申请资料。

表 3–23 非自然人分布式光伏客户申请所需资料清单

业务环节	序号	资料名称	备注
并网申请	1	法人代表（或负责人）有效身份证明： 身份证、军人证、护照、户口簿或公安机关户籍证明	提供其中一项
	2	法人或其他组织有效身份证明： 营业执照或组织机构代码证；宗教活动场所登记证；社会团体法人登记证书；军队、武警后勤财务部门核发的核准通知书或开户许可证	提供其中一项
	3	土地合法性支持文件，包括： ①《房屋所有权证》《国有土地使用证》或《集体土地使用证》； ②《购房合同》； ③含有明确土地使用权判词且发生法律效力的法院法律文书（判决书、裁定书、调解书、执行书等）； ④租赁协议或土地权利人出具的场地使用证明	第1~3项提供其中一项；租赁第三方屋顶时，还需提供第4项
	4	经办人有效身份证明文件及委托书原件	委托代理人办理
	5	项目备案文件	需备案项目
	6	发电项目前期工作及接入系统设计所需资料	10（20）kV及以上接入项目提供

续表

业务环节	序号	资料名称	备注
并网申请	7	用电相关资料如一次主接线图、平面布置图、负荷情况等	接入专变用户提供
	8	建筑物及设施使用或租用协议	合同能源管理项目
	9	①关于同意××申请安装分布式光伏发电的项目同意书； ②关于同意××申请分布式光伏发电的项目开工的同意书	使用公共区域（住宅小区）建设分布式光伏提供
接网工程设计审查	1	若委托第三方管理，提供项目管理方资料（工商营业执照、与客户签署的合作协议复印件）	项目委托第三方管理提供
	2	设计单位资质复印件	
	3	接网工程初步设计报告、图纸及说明书	
	4	主要电气设备一览表	
	5	继电保护方式	
	6	电能计量方式	
	7	通信系统方式	
	8	项目可行性研究报告	
	9	隐蔽工程设计资料	
	10	高压电气装置一、二次接线图及平面布置图	
	11	自动化系统相关资料（远动信息表、电量信息表、监控系统和远动系统设计资料和技术资料）	并网调度项目提供
并网验收及调试	1	并网验收申请单： ①分布式光伏并网调试和验收申请表； ②联系人资料表	
	2	施工单位资质，包括承装（修、试）电力设施许可证、建筑企业资质证书、安全生产许可证	
	3	光伏组件、逆变器等主要产品的检测认证证书及产品技术参数（由国家认监委批准的认证机构出具）；低压配电箱柜、断路器、闸刀、电缆等低压电气设备3C认证证书；升压变压器、高压开关柜、断路器、闸刀等高压电气设备的型式试验报告	
	4	并网前单位工程调试报告（记录）	

续表

业务环节	序号	资料名称	备注
并网验收及调试	5	并网前单位工程验收报告（记录）	
	6	并网前设备电气试验、继电保护整定、通信联调、远动信息、电能量信息采集调试记录	其中远动信息并网调度项目需提供
	7	并网启动调试方案	35kV 接入项目提供
	8	项目运行人员名单（及专业资质证书）	10（20）kV及以上接入项目提供
	9	等级保护测评报告和电力监控系统安全防护方案	并网调度项目提供

注 如无特殊说明，“客户申请所需资料”均指资料原件。

（1）并网申请：供电公司为分布式光伏项目业主提供并网申请和咨询服务，并设立分布式光伏并网专柜，用户在收齐相关资料后，可到营业厅或通过“网上国网”App直接办理并网申请。

（2）接入系统方案确定：受理用户的申请后，供电公司将按照与用户约定的时间至现场查看接入条件，并在规定期限内答复接入系统方案。第一类分布式光伏发电单点并网项目20个工作日，第一类分布式光伏发电多点并网项目30个工作日、第二类项目60个工作日内答复接入系统方案。用户在确认后，可根据接入系统方案及接入电网意见函开展项目备案和工程设计等工作。

（3）设计文件审核：由用户出资建设的分布式光伏及其接网工程，用户可自行委托具备资质的设计单位，按照供电公司答复的接入系统方案开展工程设计。对于公共连接点电压等级为10（20）kV及以上接入的分布式光伏项目，在设计完成后，请用户及时提交设计文件，供电公司将在10个工作日内完成审查并答复意见。

设计审查通过后，用户可以根据答复意见开展接网工程建设等后续工作。若审查不通过，供电公司将提出具体的修改方案，用户应修改完毕并经供电公司确认、通过后方可开展工程建设等后续工作。

（4）建设与验收：请用户按照供电公司答复的接入系统方案进行建设。工程竣工后，请用户及时报验，供电公司自受理并网验收与并网调试申请后，在10个工作日内完成电能计量装置安装、发用电合同、并网调度协议等相关材料签署，和组织并网验收及调试工作。对并网验收合格的，出具并网验收意见；对并网验收不合格的，提出整改方案。

（5）并网发电：并网验收及调试通过后，分布式发电项目并网运行。

3.1.4.5.3 受理要点

（1）受理时，需核对客户提供的备案文件中项目名称、地址、容量等关键信息与填报申请信息是否一致。受理人员应准确、及时地将备案信息录入营销系统。

（2）对于自发自用余电上网类项目，受理人员应根据客户提供信息，关联正确的用电户号。

3.1.4.5.4 注意事项

（1）由用户出资建设的分布式光伏项目需政府备案。对于分布式光伏项目，若一个项目需拆分成多个子项目的，可以按子项目办理并网手续（以一个电力用户场所为最小子项目），并请按子项目办理政府备案手续和核价手续；若多个子项目准备打捆备案和核价的，请用户让政府主管部门在备案文件和核价文件中，列出明细子项目内容。

（2）由用户出资建设的分布式光伏及其接网工程，其设计单位、施工单位及设备材料供应单位完全由用户自主选择。

（3）为顺利完成结算支付，请用户在并网申请时提供用于结算上网电费和发电补助的开户银行、账户名称、账号和适用增值税税率。

（4）供电公司在并网及后续结算服务中，不收取任何服务费用。

（6）若用户属于35kV电压等级接入，或10（20）kV电压等级接入且单个并网点总装机容量超过6000kW，并且选择“全部自用”或“自发自用剩余电量上网”发电量消纳方式的，供电公司将在60个工作日内答复接入系统方案。

（7）用户可以登录中华人民共和国住房和城乡建设部网站http：//www.mohurd.gov.cn/查询并选择具备相应资质的设计单位；登录浙江省电力用户受电工程市场信息与监管系统http：//202.107.201.109：8089/gcmis/base/Login/index.ao，查询并选择具有相应资质的施工、试验单位。

（8）在完成并网后，请用户及时向地市级财政、价格、能源主管部门，提出纳入补助目录申请；政府相关部门批准后，请及时告知供电公司，确保补助资金及时拨付到位。

（9）对于分布式光伏发电项目，请在办理并网验收申请时，同时申请纳入分布式光伏发电补助目录，供电公司将协助用户填写相关表格。

3.1.4.6 用户侧储能系统并网服务

3.1.4.6.1 业务说明

用户侧储能系统并网服务是指建设在用户内部场地外或相邻位置，直接接入用户内部配电设施的电化学储能项目，以相应电压等级接入电网的业务。

3.1.4.6.2 受理流程

受理流程图如图3–39所示。

图 3–39　受理流程图

（1）并网申请：请用户按照用户侧储能项目客户申请所需资料清单（见表3–24）要求提供申请资料。

表 3–24　用户侧储能项目客户申请所需资料清单

业务环节	序号	资料名称	备注
并网申请	1	法人代表（或负责人）有效身份证明：身份证、军人证、护照、户口簿或公安机关户籍证明	法定代表人及其他组织的用电户，提供其中一项
	2	法人或其他组织有效身份证明：营业执照或组织机构代码证；宗教活动场所登记证；社会团体法人登记证书；军队、武警后勤财务部门核发的核准通知书或开户许可证	法定代表人及其他组织的用电户，提供其中一项
	3	自然人有效身份证明：身份证、军人证、护照、户口簿或公安机关户籍证明	自然人用电户，提供其中一项
	4	经办人有效身份证明文件及委托书原件	委托代理人办理时提供
	5	项目备案文件	
	6	项目业主和用电户签订的合同能源管理合作协议、建筑物（设施）的使用或租用协议	合同能源管理项目提供
	7	储能项目前期工作及接入设计所需资料，应包括但不限于储能项目可行性报告或实施方案	
	8	关联用电户相关资料如一次主接线图、平面布置图、负荷情况等	接入专用变压器用户的项目提供

续表

业务环节	序号	资料名称	备注
并网工程设计审查	1	设计单位资质复印件	公共连接点电压等级10（6，20）kV及以上的项目提供，其中低压接入的项目按接入方案涉及相关部分提供
	2	并网工程初步设计报告、图纸及说明书（应包括但不限于电气主接线、主要电气设备清单、调度自动化、继电保护、电能计量、通信系统、高压电气装置一次和二次设计图、平面布置图等）	
竣工检验	1	用户侧储能系统竣工检验申请表	
	2	浙江省新型储能项目管理平台注册接入确认单	
	3	施工单位的承装（修、试）电力设施许可证	
	4	储能载体、储能变流器、电池管理系统的型式试验报告或认证证书（由具备储能专业检测检验资质的机构出具）	
	5	低压配电箱柜、断路器、闸刀、电缆等低压电气设备3C认证证书	
	6	升压变压器、站用变压器、开关柜、断路器、闸刀等高压电气设备的型式认证报告	10（6，20）kV及以上接入的项目提供
	7	储能设备充放电策略	
	8	并网前单位工程调试报告（记录）	
	9	并网前单位工程验收报告（记录）	
	10	并网前一次电气设备试验报告	
	11	继电保护整定单、继电保护试验报告、通信自动化联调报告（记录）、有功功率和无功功率协调控制装置安装调试记录	其中，通信自动化联调报告（记录）、有功功率和无功功率协调控制装置安装调试记录，仅10（6，20）kV及以上接入项目提供
	12	并网启动方案	35kV接入的项目提供
	13	项目电气运行人员名单及电工特种作业资格证复印件	10（6，20）kV及以上接入的项目提供

注 如无特殊说明，“客户申请所需资料”均指资料原件。

（2）接入方案确定：受理用户的申请后，供电公司将按照与用户约定的时间至现场查勘接入条件，并在规定期限内答复接入方案。公共连接点380（220）V项目15个工作日（多点并网项目25个工作日）、公共连接点10（20）kV及以上且10（20）kV及以下接入项目20个工作日（多点并网项目30个工作日）、35kV接入项目32个工作日内答复接入方案。用户在确认后，可根据接入方案及接入电网意见函开展工程设计等工作。

（3）设计文件审核：公共连接点380（220）V项目，不要求进行并网工程设计和审核。

公共连接点10（6，20）kV及以上用户侧储能系统，由用户出资建设的用户侧储能系统本体侧并网工程，用户可自行委托具备资质的设计单位，按照供电公司答复的接入方案开展工程设计。在设计完成后，请用户及时提交设计文件，供电公司10个工作日内完成审查并答复意见。

设计审查通过后，用户可以根据答复意见开展本体侧并网工程建设等工作。若审查不通过，供电公司将提出具体的修改意见，用户应修改完毕并经供电公司确认通过后方可开展并网工程建设等后续工作。

（4）建设与竣工检验：请用户按照供电公司答复的接入方案和批复的工程设计进行建设。工程竣工后，请用户及时报验，供电公司自受理竣工检验申请后，10个工作日内完成电能计量装置安装、并网调度协议签署、《供用电合同》补充协议签署、竣工检验等工作。竣工检验合格的，出具竣工检验合格意见；竣工检验不合格的，提出整改意见。

（5）并网运行：竣工检验通过后，用户侧储能系统投入正常并网运行。

3.1.4.6.3 受理要点

要点1：核验办理材料合规性。

（1）客户提交用户侧储能系统提交并网申请时，应有政府主管部门备案文件。

（2）用户侧储能项目应以关联用电户名义立户。

（3）受理时，需核对客户提供的备案文件中项目名称、地址、容量等关键信息与填报申请信息是否一致。受理人员应准确、及时地将备案信息录入营销系统。

要点2：用户侧储能项目并网业务办理注意事项。

（1）接入低压用户的储能项目：低压用户充电和其他用电的总有功功率，大于《供用电合同》约定的合同容量时，应先办理业扩增容手续；具体联系属地供电所客户（网格）经理核实。

（2）接入高压用户的储能项目：用户侧安装的受电变压器，一次额定电压与受电变压器相同的高压电机、储能系统变压器（或高压接入储能系统带变压器功能的变流器）的额定容量之和，大于《供用电合同》约定的合同容量时，应先办理业扩增容手续。具体联系属地供电所客户（网格）经理核实。

3.1.4.6.4 注意事项

（1）用户侧储能项目并网业务相对复杂，需要供电公司与用户高度联动，受理人员根据业务办理告知书做好用户业务申请受理工作。受理时，如遇到客户提交资料超出业务办理告知书范围，应及时上报班组管理人员进一步甄别判断。

（2）客户应自行寻找和委托有资质的设计、施工和设备材料供应单位。相关信息可登录“网上国网”App、全国建筑市场监管公共服务平台（http：//jzsc.mohurd.gov.cn/home）查询。受理人员应主动提供查询网址。

3.2 业务服务流程

3.2.1 营业厅渠道服务

3.2.1.1 服务渠道介绍

供电营业厅受理功能点的介绍。

咨询引导区集咨询、取号、分流、查询、简单业务处理等功能于一体，在第一时间对客户进行分流引导，提升营业厅运营效率和客户体验。

自助服务设备方面，将自助缴费区和自助办理区分设在三处，实现一定程度的分流，减少高峰期厅内的拥堵情况。

综合服务区，为前来营业厅的客户提供人工柜台服务，受理全类型用电业务。综合服务区打破了传统高、低压业务分离的形式，实现“一柜通办”，一方面，为偏好人工服务的客户提供过渡，也为没有线上支付能力的老人用户提供现金缴费服务；另一方面，为无法实现线上业务受理的业务提供人工受理服务。

主要服务电力用电用能服务工作，全面落实线上线下一体化的核心思路。充分运用“网上国网”及自助终端，打破传统窗口有人值守的惯例，拓展线上服务渠道。

3.2.1.2 服务流程

客户接待流程：开始——迎接客户——引导分流——业务导办——柜台服务（自助服务）——礼送客户——结束。

3.2.1.3 服务要点

客户抵达和离开营业厅时，营业人员应按照接待礼仪规范做到主动迎接礼貌恭送。

客户进入营业厅后，引导员主动询问客户需求，根据营业厅现场情况对客户进行引导、分流；客户取号后，引导员应根据客户所办业务内容、进行业务导办；引导员根据客户所办业务指引客户到相关柜台办理、并做好岗位联动；客户完成业务办理离开柜台时，柜台营业人员应起身礼送、微笑道别；客户提交业务资料后，营业厅按照客户所需办理的业务类别，面带微笑、双手递接资料，仔细核实客户信息及资料，办理过程中与客户时时互动。

收资管理：

（1）如无特殊说明，“客户申请所需资料”均指资料原件。

（2）与政府部门通过数据共享可获取的材料，免于提供。

（3）在办理其他电力业务时已经提交且尚在有效期内的材料，免于提供。

3.2.2 线上渠道服务

3.2.2.1 服务渠道介绍

（1）“网上国网”App线上服务渠道介绍：

步骤一：下载“网上国网”App后，打开“网上国网”App→我的→登录/注册→立即注册→自己设置用户名（6-20位字母或数字组合）→输入手机号码，获取验证码→自己设置登录密码→注册。

步骤二：点击我的→实名认证→绑定户号，返回首页。

步骤三：首页点击更多→办理所需业务。

（2）“浙里办”App等线上服务渠道介绍：

步骤一：下载“浙里办”App后，打开“浙里办”App→我的→登录/注册→立即注册。

步骤二：首页→办事→办理所需业务。

3.2.2.2 服务流程

线上发起申请——“快响”审核——外呼——业务流程处理——归档。

3.2.2.3 服务要点

（1）电子资料审核依托能源互联网营销服务系统开展。服务调度人员应对客户电子资料的准确性、完整性和有效性进行审核，查验客户电子资料是否符合业务办理要求。

（2）经审核确定客户提交的电子资料存在缺件、信息不清或拍摄不完整的情况时，服务调度人员应回退至原申请渠道，并向客户推送回退信息，信息内容包含回退原因、所需用电申请资料等。必要时，服务调度人员应通过电话等方式联系客户说明。

（3）经审核确定客户存在申请业务类别错误、重复申请、已有在办业务、欠费影响或申请业务尚未开通电子渠道办理等情况时，服务调度人员应进行工单归档，并向客户推送未成功办理信息，信息内容包括未成功办理原因及继续办理建议。必要时，服务调度人员通过电话等方式联系客户说明。

（4）电子资料审核应在申请递交的一个工作日内完成。

3.2.3“热线”渠道服务

3.2.3.1 服务渠道介绍

（1）95598热线服务。95598热线业务包含信息查询、查询咨询、故障报修、投诉、举报、意见（建议）、表扬、业务申请等，对受理范围内的诉求事项，应详细记录诉求人姓名、联系方式、诉求内容等信息，形成诉求工单，各项业务流程实行闭环管理。

（2）供电所网格服务电话（属地对外服务电话）。受理客户故障报修、业务申请、查询咨询及催办等用电诉求，不得受理投诉、意见、举报等诉求。对受理范围内的诉求事项，应详细记录诉求人姓名、联系方式、诉求内容等信息，形成诉求工单，通过数智供电诉求管理平台进行流转。

3.2.3.2 服务流程

1．95598热线服务流程

（1）故障报修流程图如图3–40所示。

（2）咨询受理流程图如图3–41所示。

（3）信息查询流程图如图3–42所示。

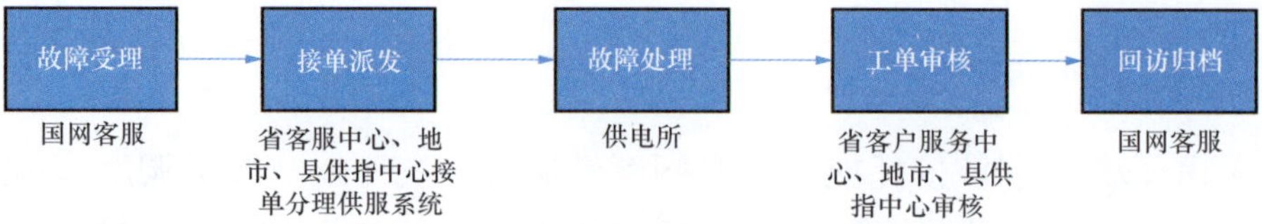

图 3-40　故障报修流程图

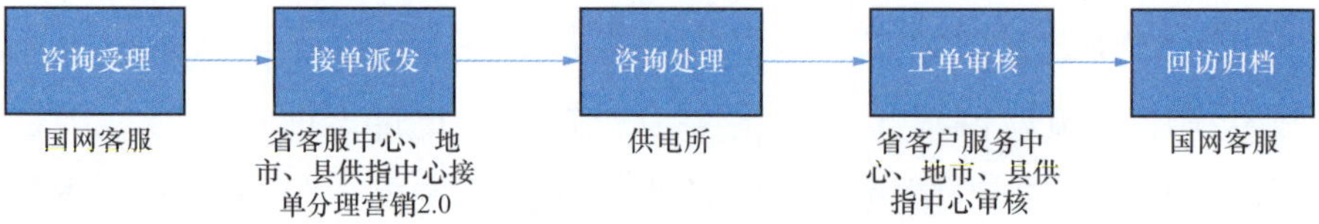

图 3-41　咨询受理流程图

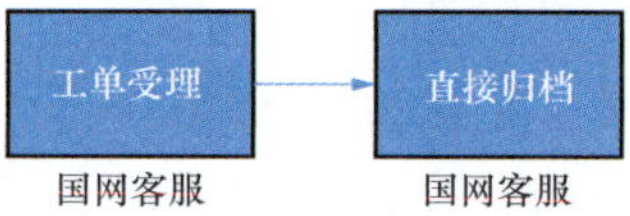

图 3-42　信息查询流程图

2.属地电话服务流程

（1）故障报修流程图如图3-43所示。

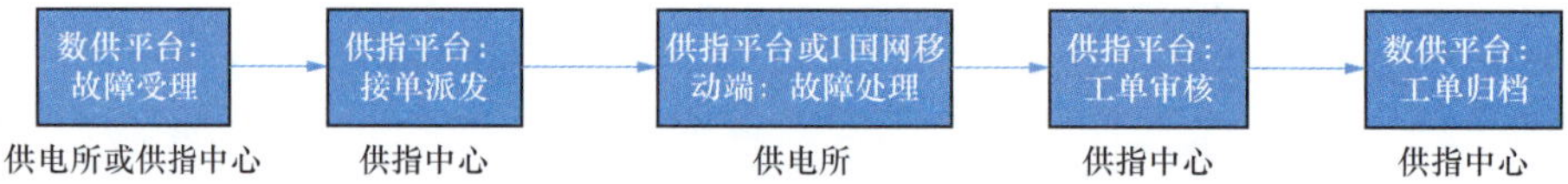

图 3-43　故障报修流程图

（2）业务申请流程图如图3-44所示。

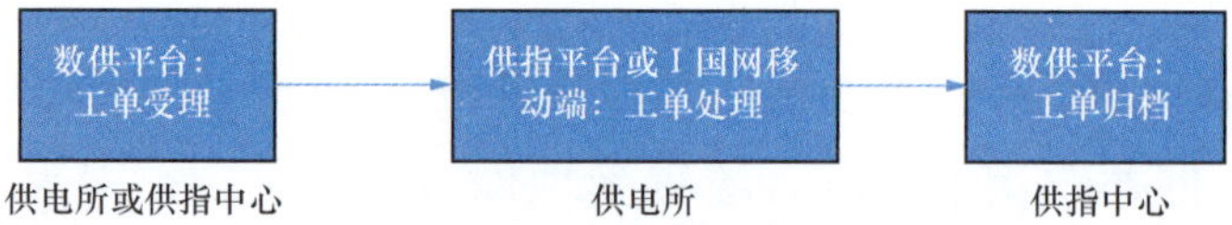

图 3-44　业务申请流程图

（3）查询咨询流程图如图3-45所示。

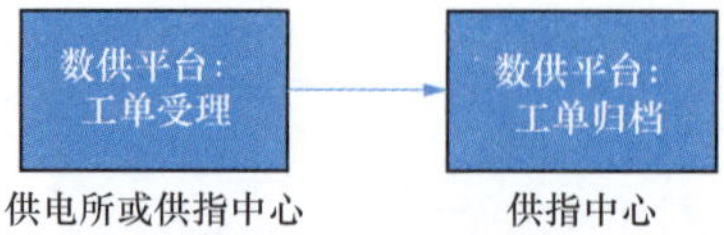

图 3-45　查询咨询流程图

3.2.3.3 服务要点

热线服务规范要求：时刻保持电话畅通，电话铃声响4声内接听，超过4声应道歉。应答时要首先问候，然后报出单位名称和工号。

接听电话时，应做到语言亲切、语气诚恳、语音清晰、语速适中、语调平和、言简意赅。应根据实际情况随时说“是”“对”等，以示在专心聆听，核对客户资料时（姓名、地址等），对于多音字应选择中性词或褒义词，避免使用贬义词或反面人物名字，重要内容要注意重复和确认。通话结束后，须等客户挂断电话后再挂电话，不可强行挂机。

受理客户咨询时，应耐心、细致，尽量少用生僻的电力专业术语，以免影响与客户的交流结果。如不能当即答复，应向客户致歉，并留下联系电话，下派相应工单类型进行派发（故障类工单、非故障类工单）。客户咨询或投诉叙述不清时，应用客气周到的语言提示客户，不能随意打扰客户的话语。

3.2.4 “在线”渠道服务

3.2.4.1 服务渠道介绍

各属地供电所通过建立微信服务群，由云中心相关负责人根据业务需求和成熟度选择目标微信群进行机器人投放，启动线上运营。

3.2.4.2 服务流程

客户在微信群中与智能机器人进行互动，智能机器人会针对客户提出的问题进行智能应答，需要人工处理的问题，智能机器人为其提供相应链接，供客户填写并提报诉求工单至云平台。云平台收到诉求工单后，将工单转派至属地网格人员，由网格人员联系客户进行处理。

3.2.4.3 服务要点

客服人员需认真做好受理业务的有关记录，按照工单回复标准完成工单处理、转派、信息录入及评价归档工作；安抚并协调处理客户抱怨、投诉等各类服务突发事件，及时上报重大、重要问题；使用规范的服务用语，热情服务、礼貌待人，严禁与客户发生争吵或使用不文明的语言；遇到难以解决的问题，及时请示汇报。

4

应急服务处理

本章主要针对营业厅工作人员日常工作中可能遇到的突发情况与紧急事件，按照“以防为主”的工作要求，提出了相应的解决方案，旨在提高营业人员的现场响应速度，保障营业厅在紧急情形下的服务质量，预防或最大限度地减轻突发情况与紧急事件带来的影响与危害。本章所指现场紧急事件是营业厅工作人员无法准确预测，在服务客户的过程中，如果处理不妥当，将直接影响工作质量和客户满意度，需立即处置的事件。所涉及的案例均是营业人员在日常服务过程中发生频率较高且具有一定代表性的事件。

4.1 窗口典型事件处理指南

营业厅突发事件应急处理流程图如图4-1所示。

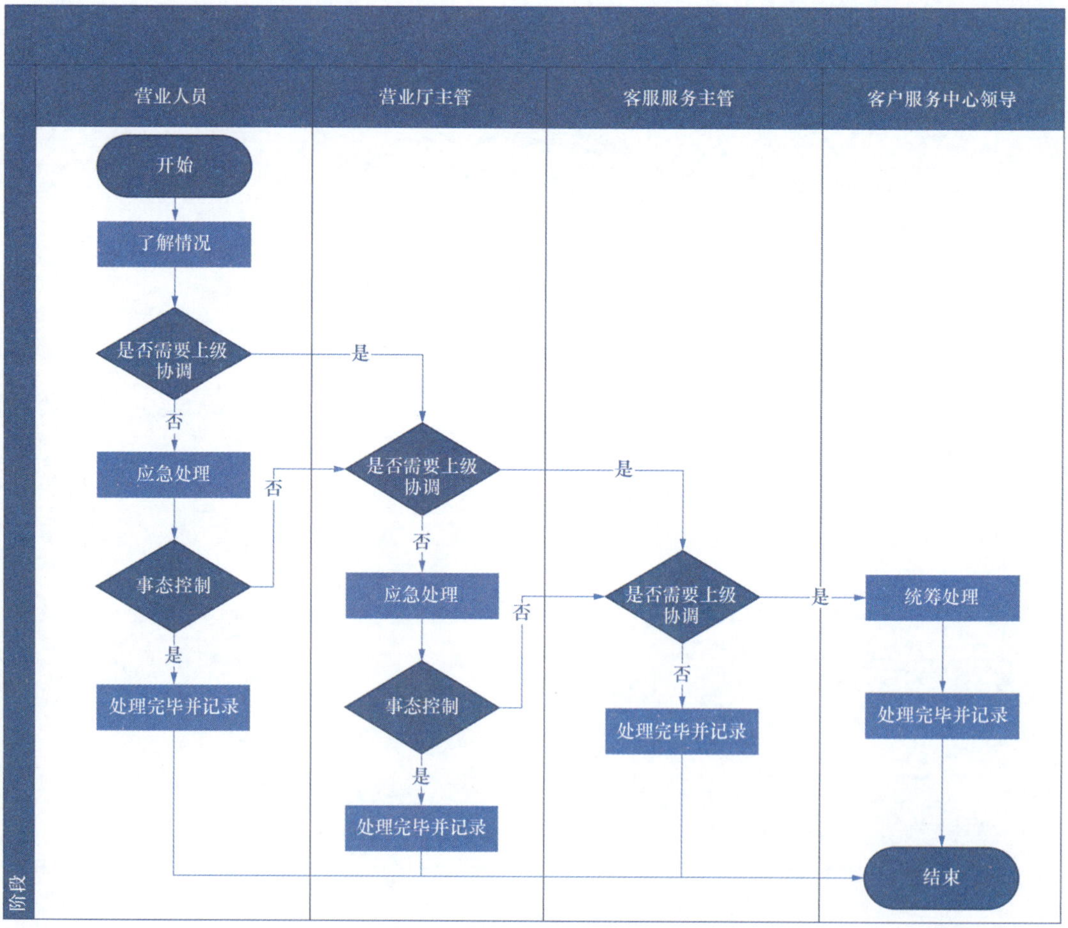

图 4-1　营业厅突发事件应急处理流程图

4.1.1 人员相关紧急情况处置

（一）营业厅突发疾病

营业厅突发疾病处理流程图如图4–2所示。

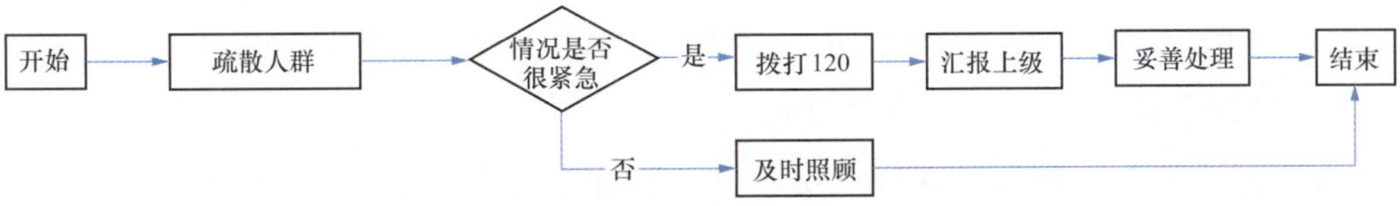

图 4–2　营业厅突发疾病处理流程图

1.关键点控制

（1）及时照顾客户：发现客户突发疾病，营业人员应立即上前询问病情，并安排客户到洽谈室休息。

（2）汇报上级：营业人员应及时将现场情况向营业厅主管汇报。

（3）协助急救：如病情严重，应立即拨打120，同时与客户的亲人朋友取得联系。

（4）现场秩序维护：疏散围观人群，维护正常运营秩序；妥善保管现场监控资料，以备日后查询。

2.话术应用

（1）疏散围观人群：请大家不要影响病人，感谢您的配合。

（2）询问客户病情：先生/女士，请问您哪里不舒服？……

（3）征询客户同意：先生/女士，您是否有人陪同？要不要我们帮您通知家人？或者拨打120送您去医院？……

（4）拨打急救电话：您好，这里是……（地址）××供电营业厅，这边有人突然病发，情况很紧急，请尽快安排救护车过来，谢谢……

（二）发生治安事件

发生治安事件处理流程图如图4–3所示。

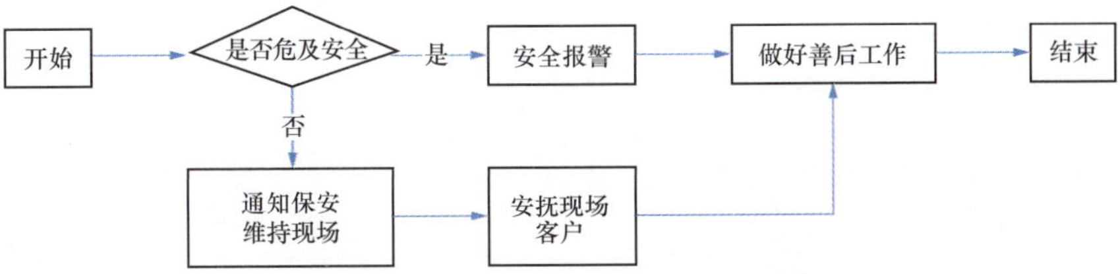

图 4–3　发生治安事件处理流程图

1.关键点控制

（1）辨别危险程度：当营业厅发生治安事件时，立即组织现场营业人员维持营业秩序，迅速分析事件紧急程度，判断是否需要报警。

（2）安全报警：在确保人身安全的情况下，拨打110报警电话或按下110联动报警装置的一键报警按钮。

（3）安抚客户：立即向受到惊吓或伤害的客户致歉，如果现场有人受伤，应及时拨打120急救电话，安抚客户情绪。

（4）善后工作：事后及时向上级汇报，记录备案。

2.话术应用

先生/女士，请您不要惊慌，我们已采取相应措施。

4.1.2 硬件设备故障的处理

4.1.2.1 柜台电脑故障

1.处理流程

开始—解释告知—指示提醒—及时汇报—恢复正常—结束。

2.关键点控制

（1）解释告知：当某柜台电脑（票据打印机、POS机等设备）故障影响客户办理业务时，营业人员应立即向客户做好解释工作，安抚客户，并引导客户到其他空闲柜台优先办理。

（2）放置标示牌：业务柜台显著位置放置“暂停服务”标示牌，引导客户去其他柜台办理。

（3）及时汇报：及时汇报营业厅主管进行处理。

3.话术应用

解释告知：先生/女士，非常抱歉，因电脑设备（票据打印机、POS机等设备）出现故障，暂时无法为您办理业务。请稍等，我们尽快为您调整柜台（岗位协调沟通）……请到这边办理，给您带来的不便，请谅解！

4.1.2.2 业务系统故障

业务系统故障处理流程图如图4-4所示。

1.关键点控制

（1）拨打维修电话：营业厅主管应立刻拨打维修电话，确认系统故障原因及

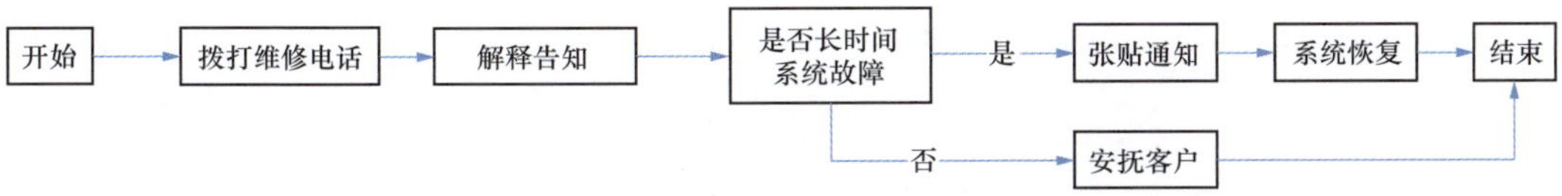

图 4-4 业务系统故障处理流程图

预计恢复时间，告知相关工作人员。

（2）解释告知：营业人员应立即向客户做好解释工作，安抚客户情绪，故障若短时能排除，应将客户引导至业务待办区。

（3）张贴通知：故障无法短时排除，营业厅主管应在公告栏上张贴公告。

（4）系统恢复：系统故障排除后，应及时撤销公告，并致电留下联系方式的客户，告知业务办理时间。

2.话术应用

（1）解释告知：非常抱歉地通知您，我们的业务系统出现故障，相关技术人员正在维修，给您带来不便，敬请谅解。

（2）安抚客户：系统故障预计会在 ×× min 内排除，请您在业务待办区等候，谢谢理解。

（3）情况说明：抱歉，让您久等了。系统预计恢复时间在 ×× 时，目前暂时无法为您服务，敬请谅解。如您有急事的话，请留下联系方式，我们将在系统恢复后马上联系您。

4.1.3 不可抗力的突发事件处理

4.1.3.1 火灾事故

火灾事故处理流程图如图4–5所示。

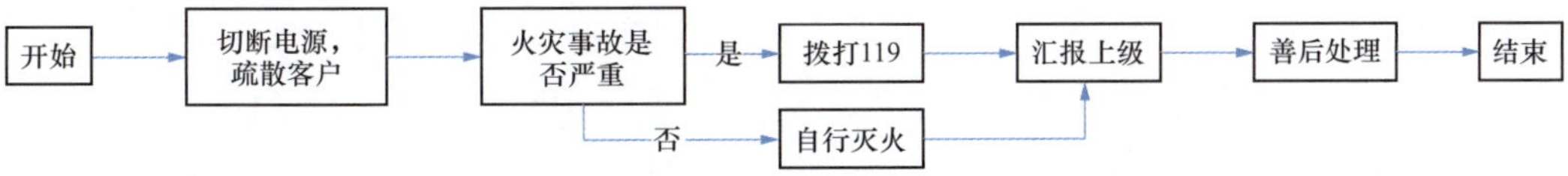

图 4–5 火灾事故处理流程图

1.关键点控制

（1）切断电源：发现火情后，营业人员应第一时间切断电源总开关。

（2）沉着冷静，引导疏散：迅速通知现场其他营业人员，立即引导客户疏散。

（3）正确使用灭火器：根据火情，在保证人身安全的情况下，使用灭火器灭火。

（4）拨打紧急电话：立即拨打119火警电话。

（5）汇报上级：及时将现场情况向营业厅主管汇报。

（6）善后处理：事后协助相关部门查明起火原因，记录备案。

2.话术应用

引导疏散：请大家配合，迅速从安全出口离开，不要拥挤……

4.1.3.2 营业中突发停电

1.处理流程

开始—记录流程—汇报主管—安抚客户—现场处理—张贴公告—跟踪记录—结束。

2.关键点控制

（1）记录流程：突发停电时，营业人员应立即手工记录正在处理的业务流程信息。

（2）汇报主管：立即向营业厅主管汇报，说明情况。

（3）安抚客户：营业人员向现场客户说明情况，耐心解释。

（4）确认情况，现场处理：营业厅主管及时向有关部门确认情况，联系维修人员处理。组织人员安抚客户，告知客户预计来电时间。

（5）张贴公告：在营业厅显著位置张贴《关于突发停电暂时无法办理业务的致歉公告》，并在柜台放置“暂停服务”标示牌。

（6）后续跟踪，做好记录：故障处理完成后，应认真做好故障处理措施记录。及时电话联系客户前来办理业务或提供上门服务。

3.话术应用

安抚客户：（短时间内可恢复营业）先生/女士，非常抱歉！突发停电给您带来不便，请您谅解！我们已联系相关技术人员进行处理，将尽快恢复供电。请您拿好自己的叫号单，在业务待办区稍事休息，感谢您的理解与配合。

（若短时间内不能恢复营业）先生/女士，非常抱歉，由于短时无法恢复供电，我们暂时无法为您办理业务，您可以留下联系方式，恢复供电后我们会尽快通知您，感谢您的理解与配合。

4.1.3.3 营业厅局部临时施工

1.处理流程

开始—放置警示牌—安抚客户—沟通协调—清理垃圾—结束。

2.关键点控制

（1）放置警示牌：在营业厅显著位置放置警示牌，“施工中，非工作人员请勿进入”，做好必要的安全防护措施。

（2）安抚客户：如果现场施工对客户办理业务造成影响，营业人员应立即表示歉意，说明施工队伍会尽快完工，请客户谅解。如果客户难以接受嘈杂的环境，安排客户到洽谈室或远离施工区域的地方休息，同时尽快为客户办理好业务。

（3）沟通协调：营业人员向营业厅主管汇报现场情况，请主管与施工单位沟通协调，尽可能避开营业高峰期、下班或节假日进行施工。

（4）及时清理垃圾：营业厅施工时，产生的垃圾应及时清理，同时积极采取相应措施尽可能减少噪声和灰尘。

3.话术应用

安抚客户：先生/女士，营业厅现场施工给您带来了不便，请您谅解！您可以先到洽谈室休息。我们将尽快安排为您办理业务，感谢您的理解。

4.1.4 人员排队激增应变处理

1.处理流程

开始—安抚客户—汇报上级—引导分流—结束。

2.关键点控制

（1）安抚客户：当营业厅客户数量激增时，应先安抚客户，引导客户到业务待办区等待。

（2）汇报上级：立即向营业厅主管汇报。

（3）引导分流：营业厅主管应立即采取相应措施分流客户，及时增开营业柜台，引导客户至自助服务区办理。

3.话术应用

（1）安抚客户：先生/女士，不好意思，现在排队的人比较多，请您先在业务待办区等候。

（2）引导分流：先生/女士，我们已经增开营业柜台，尽快为您办理，给您带来的不便，敬请谅解。

4.1.5 媒体来访

媒体来访处理流程图如图4-6所示。

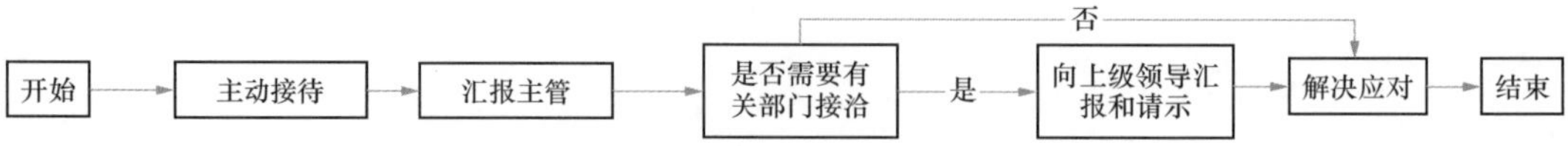

图 4-6 媒体来访处理流程图

1.关键点控制

（1）主动接待：营业人员应热情接待，将来访者引导至洽谈室，并递送茶水。需注意，不随意回答问题，不擅自接受采访，应立即向营业厅主管汇报。

（2）汇报主管：营业厅主管应探明来访者来意，并判断是否需要立即上报有关部门接洽。

（3）“一口对外”制度：当来访者询问有关情况时，遵循“一口对外”原则。

2.话术应用

话术：您好，根据您的需求，我已经联系了相关部门，请您稍候。

4.1.6 客户情绪、投诉

客户情绪激动处理流程图如图4–7所示。

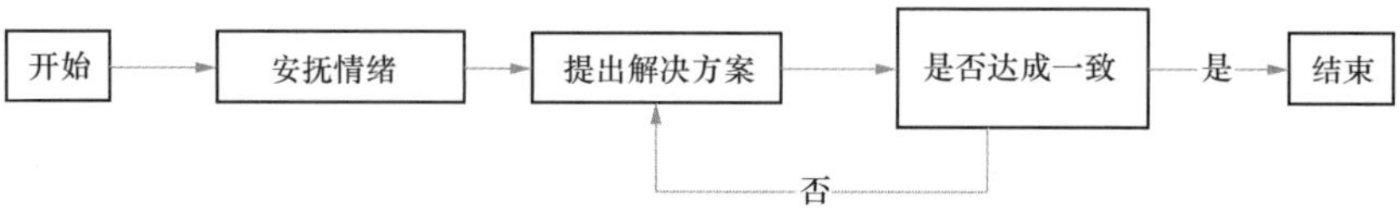

图 4-7 客户情绪激动流程图

1.关键点控制

（1）委婉解释：当客户的要求与政策法规或企业制度相悖且发生纠纷时，营业人员要向客户耐心解释，争取客户理解，与客户沟通时，应委婉、语气诚恳，不与客户发生争执。

（2）请求协助：当客户情绪过激，不接受营业人员解释，对正常营业秩序造成影响时，请引导员协助，迅速引导客户至洽谈室。

2.话术应用

如果因营业人员的失误导致客户情绪激动：

（1）合理解释：××先生/女士，您好！因我们的疏忽给您带来的不便，我们深表歉意！我们会尽快帮您办理好相关业务，请您稍等。（如果客户接受），谢谢您的谅解。

（2）（如果客户拒不接受）委婉解释：不好意思，我们已经了解了您的问题，您可以尝试通过……解决这个问题。有任何我们可以做的，我们一定尽力帮您解决，谢谢您的配合。

（3）引导接待：××先生/女士，我们会向相关部门反映，看有没有其他的解决方法，您看这样可以吗？（如果客户接受），这边请……

4.2 热线服务突发事件处理

热线服务突发事件主要包括一般设备故障、热线服务中心应用程序/网络/系统故障、断电、网站故障等。

1.一般设备故障处理

如发现电脑等周边设备故障，热线服务中心人员应立即上报，并听从热线服务中心经理的分配，重新安排位置或工作。热线服务中心经理应及时做好记录，并通知系统维护人员进行处理，以保持设备良好使用率。故障开始和恢复时间均由热线服务中心经理在管理日志上做好记录。

2.热线服务中心应用程序/网络/系统故障处理

热线服务中心人员若发现系统出现问题，及时报热线服务中心经理联系相关部门处理，热线服务中心经理需立刻根据故障类型进行初步判断，是否需要联系系统供应商。

在系统被修复期间，热线服务中心人员应通过有关产品的文件资料尽量解决客户的咨询，不允许未经许可私自退出系统的行为。

如需进行手工操作，热线服务中心人员应详细记下有关客户信息，并在系统恢复后，将记录的相关客户信息补充录入系统。

如需在系统修复后与客户联系，热线服务中心人员应记下客户姓名、联系方式、事项等，并在系统恢复后予以跟踪。

如果故障在60min内仍未解决，热线服务中心经理领导应考虑采取其他适当行动。

3.断电处理

如有断电情况发生，热线服务中心经理应立即电话通知公司相关人员，告知具体断电情况。

如断电情况持续30min以上或更长，热线服务中心经理应立即上报上级领导，协助系统相关人员一起进行修复工作，并负责控制员工情绪直到电力全部恢复。

4.网站故障

热线服务中心应借助客户的联络渠道，在第一时间通过客户的反馈判断是否存在异常状况（产品、服务等），并及时反馈至相关责任部门进行核查处理。

4.3 在线服务突发事件处理

在线服务突发事件主要为微信服务群中的舆情风险。在确定相关方和处理方案后，群管理员需按照以下措施处理突发事件。

（1）充分了解发生的情况。管理员应设法快速收集和汇总群内信息，确保事件和问题的准确定位，找到问题的源头及背景信息，快速判断问题的严重性和危害程度，并有序地记录和备份相关资料。

（2）制订应对计划，组织相应的管理人员及成员开展应急处理。在不影响群内其他用户和正常通信的前提下，实施限制措施或群内信息删除等操作。

（3）合理引导舆情。如果发现微信群中存在不当言论或事件，供电公司可以积极引导其他成员冷静看待，理性分析，避免事态进一步扩大。

（4）群内发布警示通告和安全提醒等信息，搜集和总结事件的经验和教训。

（5）倡导营造良好在线服务的环境。加强自身的舆情素质，不断提高自身的网络素养和舆情素质，学会正确对待微信群中的信息，不盲目跟风或发表不当言论，正确看待和处理微信群中的舆情风险，保护好自己和他人的利益，共同维护良好的网络环境。

5

典型服务案例

5.1 “优秀服务之星”

5.1.1 优秀服务案例之暖心服务故事

【优秀服务故事】

周六的早晨，营业厅一开门，一个年轻人就大步向柜台奔来。他手里举着缴费单，还使劲比画着，嘴里只能发出咿咿呀呀的声音。

当天值班的工作人员小张立马安抚这位客户，意识到这是一位聋哑人后，她开始在白纸上写字与客户沟通。原来这位客户错将100元充值到了异地。小张通过户号查询到对方的联系电话后，立马拨打电话告知情况。由于是陌生来电，且涉及100元的费用，一开始这位被错充电费的异地客户并不信任小张，小张不厌其烦地一遍遍解释，还主动添加客户微信，发送缴费凭证，并且提供客户可以查询的渠道，在小张的努力下，最终成功将这100元归还给这位客户。

因为沟通存在障碍，小张在好几张纸上写下了密密麻麻的沟通内容，但看到最后一页纸上的谢谢，小张觉得这一切都很值得。

【服务标语】

细心、诚心、爱心、童心、齐心，五心服务理念。

5.1.2 优秀服务案例之“电力好人”

【优秀服务故事】

某供电所低压班员在电费催收过程中，发现某偏远乡村绝大多数住户为孤寡老人，他们行动不便，子女长期不在身边，也不会操作智能手机，附近也没有电费交纳网点，长期存在电费交费难的问题。作为这个村子的网格长，为了能让老人们正常用电，他义务做起了电费代交员，被老人们称为“移动的”电费收费点。月初他都会按时来村子帮交电费，久而久之，跟老人们也熟悉了，平时还会帮老人们换灯泡、处理故障，老人们亲切称他为“电力好人”。

【服务标语】

电力好人。

5.2 典型服务案例故事（投诉、疑难等业务处理的案例）

5.2.1 案例一：上门服务助企减负

【案例提要】供电企业上门服务，通过协商过户，解决了企业增值税无法抵扣的问题，帮助企业一年节约用电成本10万元。

【案例分类】变更类业务。

【服务过程】某企业因未过户造成电费增值税无法抵扣，导致该企业用电成本增加，企业负责任人联系供电所客户经理寻求解决方法。客户经理上门走访，了解企业实际情况后，告知客户可以与原用电户办理过户，在确认双方都同意的情况下，客户经理现场办理过户手续，为企业每年节约10万元用电成本。

【案例点评】这是一个体现国家电网有限公司助企减负的典型案例。本案例中，供电公司了解客户的难处后，主动上门服务，解决了客户的难题，帮助企业节约年用电成本10万元，取得了客户的认可和信任，达到了互利共赢的效果，值得学习和借鉴。

5.2.2 案例二：业扩报装服务之推诿搪塞客户需求

【案例提要】

客户至营业厅办理低压增容业务，现场是车库改小卖铺，客户进一步咨询装表时间和电价问题，营业人员告知不清楚，让客户自行联系供电所咨询，客户不认可，离开后拨打95598热线，按投诉键反映。

【案例分类】

业扩报装。

【服务过程】

客户付先生至供电营业厅办理低压增容业务，付先生表示原来是自家的车库，有独立产权也有安装电能表，但现在要改成冷饮小卖部，原线路很细，担心不够，想要申请增容，但不清楚应该申请多少，最近还在装修中，受理人员告知随便填一个容量数据就可以，后期工作人员会进行现场勘查再确定用电容量，系统中可以修改容量数据。付先生进一步询问多久能够装表，受理人员答复不清楚，具体要看现场装修进度，还要看后期装表人员的工作计划安排，要客户申请之后自行联系供电所，并把供电所的对外服务电话提供给付先生。业务申请完毕后，付先生再次询问，装表后电价是不是会增加很多，受理人员答复不确定，每个月都不一样，让付先生后期自己关注。付先生离开后，觉得自己很多疑问都没有解决，直接拨打了95598热线进行投诉。

【案例点评】

这是一个比较常见的服务问题，表面上看，客户的疑问都回答了，但是答复均不到位。一是业务办理时限答复错误，根据业务办理告知书，低压非居新装增容业务时限是10天，受理人员错误答复不清楚。二是违反首问责任原则，答复不出时限问题，就随意将供电所电话给到客户，让其自己联系，正确的做法是一口对外主动联系供电所对应的客户经理协助解答客户诉求，解答完毕后将电话提供给客户，方便后续双方沟通。三是在电价问题应答上存在推诿、搪塞客户，业务办理告知书上有明确一般工商业用户选择电价事项，供电营业厅及“网上国网”App等渠道每月均对外公开电网企业代理购电价格，窗口人员应及时告知客户相关政策变化，并引导客户使用“网上国网”App等渠道查询电费电量明细，电价信息公开等信息，细心周到地为客户提供优质服务。

5.2.3 案例三：业扩报装服务之想客户之所想，让客户少跑趟

【案例提要】

客户至营业厅办理低压用电新装业务，因为农村自建房，不确定能否申请，未提供用电地址权属证明，需要窗口人员解答其疑虑。

【案例分类】

业扩报装。

【服务过程】

客户李先生至供电营业厅办理低压新装业务，经李先生描述，其父亲家原有八间房屋，都是农村的自建房，没有产权证、土地证，原来现场有安装过一个表，自己和父母住在一起，现在因为结婚了和父母分开住，房子也是一家四间，所以想要再申请一个电能表，需要提供什么材料。工作人员根据李先生提供的用电信息，在营销系统查询到已安装的电能表是在2021年申请，申请户名是其父亲的名字，申请时提供了客户所在村镇城建办提供的用电地址所有权合法证明，考虑到客户现场的实际居住情况，工作人员将系统中原始申请资料提供给客户参考，并根据业务办理告知书向客户耐心解答农村无产证房屋的用电地址权属证明可替代资料，且因原地址已经装表，现在产权分割，需要客户重新提供一份用电地址权属证明，明确现场房屋的所有权分割归属。此外，工作

人员给客户用电所属的服务区负责人员打电话告知客户实际诉求，服务站人员表示客户村子的情况自己也比较清楚，可以陪同客户一起至村委会先沟通，协助其准备相关资料。为了方便客户后续办理，工作人员添加了客户微信，随时保持沟通。后客户准备好了申请资料，工作人员通过微信协助客户成功申请，客户非常认可。

【案例点评】

这是一个体现供电公司“以客户为中心，专业专注”的服务典型案例。很多时候，客户服务就是解决老百姓家长里短的关键小事，是规则之下的灵活变通。本件案例中，工作人员能够想客户之所想，在自我能力范围之内，耐心地根据业务办理规范为客户解答，且懂得一口对外，主动为客户调度最专业的服务资源，获取客户的信任与认可。

5.2.4 案例四：解决海外用户无人居住电费高的问题

【案例提要】

某小区用户长年居住海外，家中无人，但每月仍产生较多的电费，供电所多次前往现场检查表计、开关，并多次与用户联系了解家中情况，后找到症结，帮用户节约电费支出。

【案例分类】

用电检查。

【服务过程】

某小区用户长年居住海外，家中无人，但每月仍有较多的电费产生，用户怀疑我们电能表有问题，故拨打95598热线电话，供电所接到电话后，经过现场核实，表计正常，但同时也对用户无人居住仍产生电费的问题很疑惑，多次前往现场检查表计、开关，均无发生异常，后多次与用户联系了解家中情况，最后终于找到症结，实际是用户出门时未关闭智能家居。用户远程关闭后，不再有电费产生，用户非常感谢供电所工作人员，不辞辛苦帮用户解决问题。

【案例点评】

这是一个体现国家电网有限公司“人民电业为人民”企业宗旨的典型案例。本案例中，供电公司不辞辛苦，空闲时间帮客户解决问题，为客户提供优质、方便、规范、真诚的供电服务，解决了客户无人用电但电费高的难题，取得了客户认可和信任，值得学习和借鉴。

5.2.5 案例五：基本电费计算示例（疑难解答）

【典型问题】

在营业办理过程中，基本电费的计算方式一直作为业务办理的一大难题，作为窗口营业人员如何解决典型疑难问题？

【参考解析】

（1）按容量计收：基本电费金额＝计费容量[受电装置上直接连接的变压器容量和不通过该变压器的高压电动机容量的总和（不含已办理减容、暂停业务的容量）]× 容量电价。

（2）按合约最大需量计收：申请最大需量核定值低于变压器容量和不通过该变压器的高压电动机容量总和（不含已办理减容、暂停业务的容量）的40%时，按容量总和的40%核定合同最大需量。

第1步：实际需量=需量示数 × 倍率。

第2步：需量确认数105%=需量确认数 ×105%。

第3步：比较实际需量和需量确认数105%。

实际需量小于等于确认数105%时：需量电费＝确认数（核定需量值）× 需量电价。

实际需量大于确认数105%时：需量电费＝[（实际需量－确认数 ×105%）×2＋确认数]× 需量电价。

（3）按实际最大需量：按实际抄见最大需量值计收。

需量电费=抄见最大需量 × 需量电价。

注：对于选择执行需量电价计费方式的两部制用户，月1kVA用电量达到260kWh及以上的，该月需量电价按核定标准的90%执行。

（4）新装、增容、变更与终止用电当月的基本电费：《供电营业规则》第八十六条规定：容（需）量电费以月计算，但新装、增容、变更与终止用电当月的容（需）量电费，应当按照实用天数计算，每日按照全月容（需）量电费除以当月日历天数收取。日用电不足24h的，按照一天计算。事故停电、检修停电、有序用电不扣减容（需）量电费。

例：××××有限公司（户号××××），于2024年6月申请临时性减容及减容恢复630kVA一台，变压器实际停用日期为2024年6月5日，实际启用日期为2024年6月23日，6月份实际使用天数为12天，基本电费按12天折算，折算容量为630×12/30=252kVA。

基本电费=折算容量×基本电价=（变压器容量×实际使用天数/当月日历天数）×基本电价。

【疑难点评】

本疑难问题为营业厅人员在工作中常遇见的问题，通过详细地计算，可便于窗口服务人员快速了解和应用基本电费的计算方式，提高业务综合服务水平。

参考文献

[1] 本书编委会.浙江省电力公司营销标准化礼仪服务规范[M].北京：中国电力出版社，2012.

[2] 本书编委会.电力营销一线员工作业一本通　业扩报装[M].北京：中国电力出版社，2013.